Mensch & Politik

Sekundarstufe I

Gemeinschaftskunde
Baden-Württemberg
Band 2

Lehrermaterialien
kompakt

Dr. Gerhard Altmann
Anton Egner
Susanne Egner
Florian Grosch
Dr. Magdalena Heider
Martin Vöhringer

Schroedel

Mensch & Politik

Sekundarstufe I

Gemeinschaftskunde
Baden-Württemberg
Band 2

Lehrermaterialien kompakt

Dr. Gerhard Altmann
Anton Egner
Susanne Egner
Florian Grosch
Dr. Magdalena Heider
Martin Vöhringer

Lehrermaterialien kompakt enthält didaktische Hinweise, Lösungen zu den Aufgaben im Schülerband sowie ausgewählte Arbeitsblätter.

Ein umfassendes Angebot an individuell einsetzbaren, unterrichtspraktischen Zusatzmaterialien bietet **Rund um online – Digitale Lehrermaterialien**. Wählen Sie hier u. a. aus zahlreichen Grafiken und -Fotos aus dem Schülerband, Arbeitsblättern, Zusatzmaterialien, Lehrerinformationen, Klassenarbeiten mit Lösungshorizonten sowie einer Mediathek mit Literaturhinweisen, Links und Filmtipps.

Weitere Informationen finden Sie unter:
www.schroedel.de/mensch-und-politik-bw

Druck A[1] / Jahr 2014
Alle Drucke der Serie A sind im Unterricht parallel verwendbar.

Redaktion: Andrea Schulz
Layout und Herstellung: Sandra Grünberg
Satz: PER Medien+Marketing GmbH, Braunschweig
Druck und Bindung: westermann druck GmbH, Braunschweig

ISBN 978-3-507-**11513**-2

Inhalt

Zu diesem Lehrerband

Dieser Lehrerband bezieht sich auf das Unterrichtswerk Mensch & Politik Band 2 in Baden-Württemberg. Er dient der Entlastung bei der Unterrichtsvorbereitung und bietet Anregungen für die Unterrichtsgestaltung.

Das Fach Gemeinschaftskunde zu unterrichten, ist wegen des täglichen Wandels seines Gegenstandes, aufgrund der Vielfalt der Bezugswissenschaften und wegen der in jahrelanger Diskussion gewachsenen didaktischen und methodischen Anforderungen eine besondere Herausforderung. Der Lehrerband möchte dabei unterstützen, dieser Herausforderung zu begegnen, und bei der Unterrichtsplanung und -gestaltung helfen. Er gibt Tipps für den Umgang mit den Materialien im Schülerband und minimiert durch zusätzliche Informationen die eigene ergänzende Recherche. Außerdem möchte er auch dazu ermutigen, entsprechend den eigenen Interessen der Unterrichtenden und der Schülerinnen und Schüler neue Inhalte zu erschließen oder vorgegebene zu vertiefen.

Diesen Intentionen folgt der Aufbau des vorliegenden Lehrerbandes:

Vorbemerkungen zur Unterrichtseinheit
Sie leiten jedes Großkapitel ein und erläutern die didaktischen Überlegungen und Zielvorstellungen der Autorinnen und Autoren. Ergänzt werden sie durch relevante Literaturhinweise und Links im Internet, die der fachlichen Einarbeitung und/oder Vertiefung in das Thema dienen, ohne jedoch den Anspruch darauf zu erheben, sämtliche thematisch passende Werke aufzuführen. Insbesondere die Links können darüber hinaus auch im Unterricht genutzt werden, z. B. für Internetrecherchen der Schülerinnen und Schüler.

Lernwege
Die „Lernwege" ermöglichen einen raschen Überblick über die Inhalte des jeweiligen Großkapitels, über Querverbindungen zu Inhalten anderer Unterrichtseinheiten des Schülerbandes und über mögliche handlungsorientierte Methoden. Sie sollen auch die vorausschauende Unterrichtsplanung und die Vergabe längerfristiger Sonderaufträge an Schülerinnen und Schüler erleichtern.

Unterrichtsvorschläge zu den Teilkapiteln
Die Ausführungen zu den einzelnen Teilkapiteln der jeweiligen Unterrichtseinheit sind ihrerseits wie folgt gegliedert:

- Mögliche Stundenstruktur: Sie ist der besseren Übersicht halber in tabellarischer Form dargestellt und zeigt Unterrichtsphasen, Methoden und Sozialformen auf. In der Spalte Material wird auf Materialien des Schülerbandes und ggf. im Lehrerband enthaltene Arbeitsblätter für die Schüler verwiesen; letztere sind aus Praktikabilitätsgründen zwar für jedes Großkapitel fortlaufend nummeriert, aber direkt den einzelnen Teilkapiteln zugeordnet.
- Didaktisch-methodische Hinweise: Sie ergänzen und erläutern die tabellarischen Übersichten.

Lösungshinweise
Bei der Vorbereitung fehlt oft die Zeit, die vielfältigen Materialien des Schülerbandes mit der Intensität zu erschließen, die Voraussetzung für die angestrebten Erkenntnisse ist. Die Lösungshinweise sollen dabei eine Hilfestellung geben, ohne eigene Entdeckungen in den Materialien zu verhindern oder Vollständigkeit anzustreben. So wurde z. B. auf Lösungshinweise verzichtet, wenn ergebnisoffene Antworten zu erwarten sind. Wo möglich, wurde aber versucht, auch hierfür zumindest einige Anregungen zu geben.

Schließlich enthält dieser Band eine begrenzte Auswahl an **Zusatzmaterialien**. Ein umfangreicheres Angebot mit Arbeitsblättern, Klausurvorschlägen, Abbildungen und weiteren Materialien bieten unsere digitalen Lehrermaterialien **Rund um online**. Weitere Informationen hierzu finden Sie unter:

www.schroedel.de/mensch-und-politik-bw

Miteinander? Nebeneinander? Gegeneinander?

Vorbemerkungen zur Unterrichtseinheit

Jahrzehntelang hat die Politik es abgelehnt, Deutschland als „Einwanderungsland" zu betrachten. Mittlerweile (Stand 2012) leben hier ca. 16 Millionen Menschen mit „Migrationshintergrund", das sind rund 20 Prozent der Gesamtbevölkerung. 8,77 Millionen von ihnen haben einen deutschen Pass. Von den 7,19 Millionen Ausländern kommen etwa 2,6 Millionen aus einem EU-Land und genießen als Unionsbürger zeitlich unbefristet Niederlassungsfreiheit. Die Gruppe der Unionsbürger wird in diesem Kapitel nicht weiter angesprochen.
Generell wird zwischen freiwilligen und zwangsweisen Wanderungsbewegungen unterschieden. Beide Typen sind allerdings nicht immer klar voneinander abgrenzbar und sind ihrerseits differenziert zu betrachten (Kap. 2).
In Deutschland gibt es vier große Zuwanderungsgruppen, sieht man einmal von den Unionsbürgern ab:

- Die ehemaligen Gastarbeiter, die zwischen 1955 und 1973 angeworben wurden und deren Familienangehörigen, die später nachgezogen sind. Die meisten von ihnen stammen aus der Türkei. Ein Teil der ehemaligen Gastarbeiter ist inzwischen eingebürgert. Seit einigen Jahren führt der demografische Wandel und der Mangel an bestimmten hochqualifizierten Fachkräften erneut zu Anwerbeaktionen (Kap. 6).
- Die Flüchtlinge bilden eine je nach Fluchtgrund und Status sehr heterogene Gruppe. Unter den Flüchtlingen stehen die politisch Verfolgten als Asylberechtigte unter dem besonderen Schutz des Grundgesetzes. Allerdings wird das Asylrecht inzwischen sehr restriktiv gehandhabt (Kap. 4). Außerdem betreibt die EU aktiv die Abwehr von Flüchtlingen (Kap. 5)
- Die illegal Zugewanderten: Migrationspolitisch sind sie unerwünscht, aber als billige Arbeitskräfte in der Schattenwirtschaft gefragt (Kap.3).
- Die (Spät-)Aussiedler bilden mit 3,7 Millionen Personen die größte Gruppe der Deutschen mit Migrationshintergrund. Die jährliche Neuzuwanderung ist seit Jahren kontinuierlich rückläufig und mit 2 148 Zuwanderern im Jahre 2011 fast zum Erliegen gekommen. Diese Gruppe wird deshalb in der Neubearbeitung dieses Schulbuchs nicht mehr angesprochen.

Mensch und Politik legt, wie die Überschrift des Großkapitels andeutet, besonderes Gewicht auf das Problem des innergesellschaftlichen Zusammenlebens (Kap. 7 bis 9).
Die Schülerinnen und Schüler sollen durch die Beschäftigung mit dem Thema Migration interkulturelle Kompetenz erwerben. Sie sollten gegenüber fremden Kulturen, Traditionen und Lebensweisen Distanz abbauen und Offenheit entwickeln. Zugleich sollte der Unterricht das globale Denken fördern, das sich auch durch Empathie für die Probleme und Nöte von Menschen in anderen Weltgegenden auszeichnet und nicht nur die eigenen Interessen in den Blick nimmt.
Eine altersgerechte Methodik wird den Zugang zur Migrationsproblematik über Einzelschicksale suchen. Die Vermittlung notwendiger Sachinformationen sollte dosiert erfolgen und keinesfalls zur Stoffhuberei ausarten.

Literaturhinweise

Ariëns, Elke/König, Helmut/Sicking, Manfred (Hrsg.): *Multikulturalität in Europa: Teilhabe in der Einwanderungsgesellschaft*, Berlin 2012
Beauftragte der Bundesregierung für Migration, Flüchtlinge und Integration: *8. Bericht der Beauftragten der Bundesregierung für Migration, Flüchtlinge und Integration über die Lage der Ausländerinnen und Ausländer in Deutschland*, Berlin 2010
Mankell, Henning: *Butterfly Blues, ein Theaterstück*. Aus dem Engl. von Claudia Romeder Szevera, Zsolnay (Wien) 2003
Matzner, Michael: *Handbuch Migration und Bildung*, Weinheim/Basel 2012
Nasrin Siege: *Shirin*, Roman, Weinheim (Beltz und Gelberg) 1996
Praxis Politik: *Arabischer Frühling. Facetten einer Revolution*, Heft 4, Braunschweig 2012
Sadinam, Mojtaba, Masoud und Milad: *Unerwünscht. Drei Brüder aus dem Iran erzählen ihre deutsche Geschichte*, Bloomsbury, Berlin 2012

Schmid, Bernhard: *Die arabische Revolution? Soziale Elemente und Jugendprotest in den nordafrikanischen Revolten*, Münster 2011
Schomaker, Rahel/Müller, Christian/Knorr, Andreas (Hrsg.): *Migration und Integration als wirtschaftliche und gesellschaftliche Ordnungsprobleme*, Stuttgart 2012

Links im Internet

Auswärtiges Amt: *www.auswaertiges-amt.de*
Beauftragte der Bundesregierung für Migration, Flüchtlinge und Integration:
www.bundesregierung.de/Webs/Breg/DE/Bundesregierung/BeauftragtefuerIntegration/beauftragte-fuer-integration.html
Cap Anamur – Deutsche Not-Ärzte e. V.: *www.cap-anamur.org*
European Commission. EU Immigration Portal (Englisch/Französisch): *ec.europa.eu/immigration*
Heinrich-Böll-Stiftung, Projekt Migration-Integration-Diversity (MID): *www.migration-boell.de*
Informationsportal des Netzwerks Migration in Europa e. V. (*www.network-migration.org*) in Kooperation mit der Bundeszentrale für politische Bildung: *www.migration-info.de*
Max-Planck-Institut zur Erforschung multireligiöser und multiethnischer Gesellschaften (MPI-MMG): *www.mmg.mpg.de*
Migazin.de. Online Zeitschrift für integrations- und migrationspolitische Themen: *www.migazin.de*
Netzwerk Migration: *www.network-migration.org*
Sachverständigenrat deutscher Stiftungen für Integration und Migration: *www.svr-migration.de*

Filmtipps

Ein Leben mit der Duldung
(Laufzeit: 46 Min.; Deutschland 2010; ab Kl. 7)
Eine fünfköpfige Familie in Berlin: Die Asylanträge der Eltern sind vor Jahren abgelehnt worden. Seither werden die Aufenthaltsgenehmigungen immer nur für kurze Zeit verlängert, eine Arbeitserlaubnis erhalten sie nicht. Ständig droht die Abschiebung nach Angola und belastet auch die drei Kinder.

Lampedusa: In Europa gestrandet …
(von Zoé de Bussière, Emanuele Marzari, Régis Croizier, Eric Chevalier; ARTE GEIE/Cargo Culte Productions; Frankreich 2011)
Lampedusa, die südlichste Insel Italiens, liegt nur 113 Kilometer vor der Küste Tunesiens. Kaum ist das Regime Ben Ali gefallen, ergießt sich jetzt eine Welle heimlicher Einwanderer über diesen Außenposten Europas. Binnen drei Tagen hat sich die Bevölkerung auf der Insel sozusagen verdoppelt: An die 5 000 junge Tunesier sind hier gestrandet, die Köpfe voller Illusionen über Europa, Freiheit und Wohlstand.
Infos/Video unter: *www.arte.tv/de/lampedusa-in-europa-gestrandet/3762136,CmC=3762138.html*
(Zugriff: 8. 11. 2012)

Multimedia

Auf den Internetseiten (u. a.) der ARD, des ZDF sowie der Deutschen Welle und des Deutschlandradios werden zu den Themen des Schülerbandes aktuelle Beiträge im Video- oder Audio-Format („Podcasts") angeboten. Fernseh- oder Radiosendungen können auf diese Weise heruntergeladen und den Schülerinnen und Schülern mithilfe eines PC mit angeschlossenem Beamer bzw. Whiteboard gezeigt werden.
Podcasts der ARD: *www.ardmediathek.de/ard/servlet/*
Podcasts der Deutschen Welle: *www.dw-world.de/dw/0,2142,9540,00.html*
Podcasts des Deutschlandradios: *www.dradio.de/podcast*
Podcasts des ZDF: *www.zdf.de/ZDFmediathek#/hauptnavigation/startseite*
SPIEGEL Online Politik & Wirtschaft Videos: *www.spiegel.de/video/politik_wirtschaft/*
ZEIT Online Videos: *www.zeit.de/video*
heute.de – der schnelle Nachrichtenüberblick: *www.heute.de*
Deutschlandradio: Das war der Tag – das Journal vor Mitternacht:
www.dradio.de/rss/podcast/sendungen/daswardertag/

Lernwege

Querverweise	Inhalt	Handlungsorientierte Methoden
	0. Auftaktseite	
	1. Gestrandet in Europa – eine Reportage	
	2. Migration – was geht das uns an?	Internetrecherche, Mind-Map zeichnen
Grundrechte nur schöne Worte, S. 70 ff.	3. Irreguläre Migranten: toleriert, ausgebeutet, kriminalisiert	
	4. Asyl in Deutschland	Internetrecherche
	5. Festung Europa?	Internetrecherche
	6. Braucht Deutschland Zuwanderung?	Internetrecherche
	7. Miteinander? Nebeneinander? Gegeneinander?	Zeitungsanzeigen entwerfen
	8. Herausforderung Integration	
	9. Integration und Einbürgerung	Internetrecherche
	KOMPETENT?	Glossarbeiträge verfassen

1. Gestrandet in Europa – eine Reportage (S. 8–9)

Mögliche Stundenstruktur

Phase	Material Schülerband	Methode/Sozialform
Einstieg	Fotos S. 6 f.	Bildimpuls, Unterrichtsgespräch
Erarbeitung/ Problematisierung	Reportage S. 8 f., Aufgaben 1–5, S. 9	Textanalyse, Unterrichtsgespräch
Problematisierung	Gedicht S. 7, Aufgabe 6, S. 9	Gedichtinterpretation, Diskussion

Das spanische Innenministerium hält die Einwanderungsroute über die Kanarischen Inseln für geschlossen (Mitteilung vom 8.2.2013). 2012 hatten nur noch 173 Bootsflüchtlinge aus Afrika diesen Weg gewählt, was nicht zuletzt auf die mit dem Senegal und Mauretanien vereinbarte Kooperation zur Abwehr der illegalen Migration zurückgeführt wird. Stattdessen nutzen immer mehr Migranten die mit Hightech-Zäunen geschützten spanischen Exklaven Melilla und Ceuta als Zugangswege nach Spanien. 2012 waren es 3631 Personen. Da inzwischen auch Marokko verschärfte Kontrollen durchführt, halten Experten eine erneute Verlagerung der Immigrationsroute auf die Kanarischen Inseln für möglich, auch wenn nicht vorstellbar ist, dass sich die Verhältnisse von 2006 wieder einstellen können. 2006 war der absolute Höhepunkt der illegalen Immigration nach Spanien. Damals trafen fast täglich Armutsflüchtlinge aus Nord- und Westafrika auf den Kanaren ein. Insgesamt verzeichneten die spanischen Behörden in jenem Jahr 39180 illegale Grenzübertritte. Mittlerweile ist im westlichen Mittelmeer die italienische Insel Lampedusa das wichtigste Tor nach Europa. Nach einer Mitteilung der Vereinten Nationen sind im ersten Halbjahr 2013 mehr als 8000 Bootsflüchtlinge hier gelandet. Die aktuell wichtigste Flüchtlingsroute nach Europa führt jedoch über die griechisch-türkische Grenze, wo jedoch zur Abwehr illegaler Grenzübertritte ebenfalls ein Hightech-Zaun errichtet wird (vgl. Schülerband Kap. 5 „Festung Europa"). Die Reportage „Gestrandet in Europa" (Schülerband S. 8 f.) ist 2006 auf dem Höhepunkt der illegalen Immigration nach Spanien entstanden. Trotz der räumlichen Verlagerung der Migrantenströme ist sie zusammen mit der Auftaktdoppelseite 7 f. als konkreter und anschaulicher Einstieg in die Thematik geeignet.

Lösungshinweise zu den Aufgaben im Schülerband

Seite 9, Aufgabe 3: Er will ein besseres Leben für die Familie, er träumt von einem eigenen Haus. Er strebt offensichtlich keinen dauerhaften Aufenthalt in Europa an.

Seite 9, Aufgabe 4: Die Reporter stellen keine erfreuliche Prognose („Schattendasein, Abtauchen in die Illegalität"). Eine Rückkehr erscheint unter diesen Bedingungen ausgeschlossen.

Seite 9, Aufgabe 5: Der Politiker Melchior will die Zuwanderung verhindern und die Schlepper-Mafia bekämpfen. Er verlangt, dass die EU eine gemeinsame Migrationspolitik entwickelt, die sich vor allem auf die Abwehr konzentrieren soll (vgl. Kap. 5 „Festung Europa?").
Der Mensch Melchior weiß um die Not der Zuwanderer und er denkt manchmal, man solle sie einfach kommen lassen.
Erklärung: Der Politiker Melchior sieht die Überforderung seiner Insel: nicht ausreichende Infrastruktur, zu wenig Personal; er registriert migrationsfeindliche Stimmungen, auf die er reagieren muss. Der Mensch Melchior erinnert sich an die Vergangenheit Teneriffas, das auf Geldtransfers seiner Migranten (aus den USA) angewiesen war. Er denkt das politisch Undenkbare.

2. Migration – was geht uns das an? (S. 10–11)

Mögliche Stundenstruktur

Phase	Material Schülerband	Methode/Sozialform
Einstieg	M3, S. 11	Karikaturanalyse, Unterrichtsgespräch
Erarbeitung	M1 und M2, M4, S. 10 f., Aufgaben 2 bis 5, S. 11	Recherche, Mindmap zeichnen, Kartenanalyse, Unterrichtsgespräch
Problematisierung	Aufgabe 6, S. 11	Diskussion

Lösungshinweise zu den Aufgaben im Schülerband

Seite 11, Aufgaben 1+2: **Destination:** „Norden" als Migrationsziel ist nicht geografisch zu verstehen. Der „Norden" wird als praktisch nicht bevölkerte Urlaubsinsel dargestellt, die eher im Süden (Palme) zu vermuten ist. Es sollte herausgearbeitet werden, dass mit Norden die reichen Industrieländer gemeint sind, vor allem die USA, Kanada und die EU-Länder.
Auch „Süden" ist nicht geografisch – etwa als Südhalbkugel – zu verstehen, sondern als Bezeichnung für die ärmeren und armen Länder. Die Karikatur spricht die internationale Migration an.
Motive: Die Karikatur nimmt vor allem ökonomische Motive in den Blick: hier der wohl genährte Inselbewohner, dort die abgemagerten Massen; auch die mitgeführte Schüssel weist in diese Richtung. Der verdunkelte Himmel über dem Süden könnte aber auch auf Krisen (z. B. Kriege, Naturkatastrophen) und die Menschenmassen auf das starke Bevölkerungswachstum hinweisen. Der Inselbewohner wird als ahnungslos dargestellt, was eher als wenig problembewusst interpretiert werden könnte.
Quantität: Große Menschenmassen aus dem Süden wollen – laut Karikatur – in den Norden. Die Realität sieht allerdings anders aus: Nur etwa 37 Prozent der internationalen Migranten weltweit kommen in den „Norden". Und es sind die Länder des Südens, die ganz überwiegend mit dem Flüchtlingsproblem konfrontiert werden.

Seite 11, Aufgabe 3: Mit Ausnahme von Haiti liegen die Länder mit der höchsten Zahl der Ausreisewilligen in Afrika südlich der Sahara. Ursachen: Bürgerkriege (Kongo!), politische Unterdrückung (Zimbabwe), Naturkatastrophen (z. B. Dürren) und – ganz allgemein die große Zahl absolut Armer.

Seite 11, Aufgabe 4: Die Bearbeitung der Aufgabe setzt Internetrecherchen voraus. Aktuell (2013) ist vor allem an Syrien zu denken, aber auch an Nordafrika (Tunesien) und zunehmend an Tschetschenien.

Seite 11, Aufgabe 5: In Asien, Europa und Afrika dominiert die intrakontinentale Migration, auf der Karte als intraregionale Migration ausgewiesen. Relativ zur Bevölkerungszahl die größte interregionale (=interkontinentale) Migration weist Lateinamerika auf mit den Zielgebieten Nordamerika und Spanien auf.

Seite 11, Aufgabe 6: Tradition als Zuwanderungsland, historische Verbindungen (Kolonialzeit, Sprache), Wirtschaft

3. Irreguläre Migranten: toleriert, ausgebeutet, kriminalisiert (S. 12–13)

Mögliche Stundenstruktur

Phase	Material Schülerband	Methode/Sozialform
Einstieg	M 1, S. 12 f.	arbeitsteilig Texte lesen und vorstellen
Erarbeitung/Transfer	Infotext S. 12, Aufgaben 1–3, S. 13	Unterrichtsgespräch, Brief verfassen
Problematisierung	M 2, S. 13, Aufgaben 4–5, S. 13	Diskussion, Unterrichtsgespräch

Im 3. Kapitel werden an vier Beispielen Probleme illegaler Migranten in Deutschland dargestellt. Drei dieser Beispiele sind dem Film ,,Abgetaucht – Illegal in Deutschland" entnommen, den der NDR und Phoenix 2006 ausgestrahlt haben. Die im Schülerband abgedruckten Beiträge über Birgyl aus Mazedonien, Juri aus der Ukraine und Anna-Maria aus Kolumbien sind als Kurzzusammenfassungen dieser Filmdokumentation im Greenpeace-Magazin 6/06 erschienen, wo auch weitere Beispiele zu finden sind. Es wird vorgeschlagen, dass die Schülerinnen und Schüler zum Einstieg die vier Beispiele in M 1 arbeitsteilig lesen und vorstellen.

Lösungshinweise zu den Aufgaben im Schülerband

Seite 13, Aufgabe 1: Die Menschenwürde gehört von Natur aus zum Wesen eines jeden Menschen und gilt nach Art. 1 GG absolut. Die sich aus Artikel 1 GG ergebende Verpflichtung des Staates, die Menschenwürde zu achten und zu schützen bezieht sich deshalb nicht nur auf die Menschen mit deutscher Staatsangehörigkeit, sondern auf alle Menschen, die sich im Geltungsbereich des Grundgesetzes aufhalten, also auch auf illegale Migranten. Und sie bedeutet, dass der Staat Vorkehrungen treffen muss, um Verletzungen der Menschenwürde durch Amtsinhaber oder durch private Dritte zu verhindern.
Aus diesen grundsätzlichen Überlegungen lassen sich im Hinblick auf die in M 1geschilderten Fälle Fragen entwickeln, z. B.: Ist ein Stundenlohn von zwei (Birgyl, Juri) bzw. vier (Anna-Maria) Euro, ein Zwölf-Stunden-Arbeitstag für eine Minderjährige (Birgyl), die völlige Vernachlässigung von Schutzvorkehrungen gegen Arbeitsunfälle (Juri) mit der Menschenwürde vereinbar? Und warum können Arbeitgeber sich in Deutschland so verhalten? Ein Hinweis gibt Juri: „Hätte ich Papiere, hätte ich ihn verklagt.“ Dieser Satz verweist auf das Problem der vielfach noch bestehenden Rechtlosigkeit illegaler Migranten. Erst auf zivilgesellschaftlichen Druck (vgl. Katholisches Forum Leben in der Illegalität; *www.forum-illegalitaet.de)* ist die Meldepflicht öffentlicher Stellen etwas gelockert worden, vgl. auch Infotext S. 12 f.

Seite 13, Aufgabe 2: Das Standesamt hätte die Geburt den Ausländerbehörden melden müssen mit der Folge, dass diese ein Abschiebeverfahren eingeleitet hätten. Als Probleme können z. B. angesprochen werden: Erkrankungen, Einschulung, Freizeitgestaltung usw. der „Schattenkinder“.

Seite 13, Aufgabe 4: Beispiele sind Italien, Spanien, Polen. Die Legalisierung wurde z. T. an bestimmte Bedingungen geknüpft: Aufenthaltsdauer, Sorge für den Lebensunterhalt.

Seite 13, Aufgabe 5: Das Gespräch könnte an den Fall von Anna-Maria (M 1) anknüpfen. M 2 zeigt die ökonomische Bedeutung der Rücküberweisungen der Migranten für einzelne Länder, wobei es sich nicht nur um illegale Migranten handelt. Insgesamt ist in 2010 die Rücküberweisung nach offiziellen Zahlen mit ca. 235 Mrd. US-Dollar fast doppelt so hoch wie die von den Industrieländern geleistete Entwicklungshilfe in Höhe von 128,5 Mrd. US-Dollar (Terre des Hommes, Welthungerhilfe (Hrsg.): Die Wirklichkeit der Entwicklungspolitik 2012)

4. Asyl in Deutschland (S. 14–15)

Mögliche Stundenstruktur

Phase	Material Schülerband	Methode/Sozialform
Einstieg	Karikatur und M 1, S. 14, Aufgabe 1, S. 15	Karikatur- und Textarbeit, Unterrichtsgespräch
Erarbeitung	Aufgabe 2, S. 15, M 2, S. 15, Aufgaben 3 und 4, S. 15	Internetrecherche, Einzelarbeit, Unterrichtsgespräch
Problematisierung	Aufgabe 5, S. 15	Diskussion

Seit den frühen 50er-Jahren suchen Asylbewerber Zuflucht in Deutschland. Während der 90er-Jahre stieg ihre Zahl sehr stark an. Höhepunkt war das Jahr 1992 mit 400 000. Ursächlich waren der Bürgerkrieg in Jugoslawien und die desolate Wirtschaftslage in den Nachfolgestaaten der zerfallenen Sowjetunion. Die Flüchtlinge wurden häufig abschätzig als „Scheinasylanten" bezeichnet. Unter Berufung auf das Grundrecht auf Asyl seien viele Asylbewerber darauf aus, das ihnen für die Dauer des Asylverfahrens in Deutschland zustehende Bleiberecht auszunutzen. Der tatsächliche oder angebliche Missbrauch des Asylrechts führte 1993 zu einer Grundgesetzänderung, die eine restriktive Asylpolitik einleitete. Seither waren für längere Zeit die Asylbewerberzahlen stark rückläufig. Der Rückgang war aber auch auf die politische und wirtschaftliche Stabilisierung in Osteuropa zurückzuführen. Ein weiterer Grund war die zunehmende Abschottung der Außengrenzen der EU (Kap. 5).
In jüngster Zeit nehmen die Zahlen der Asylbewerber wieder deutlich zu: Von Januar bis Juli 1913 haben mehr als 50 000 Menschen in der Bundesrepublik um Asyl gebeten. Der Bundesinnenminister rechnet für 1913 mit 100 000 Asylerstanträgen. Hauptherkunftsländer sind 1913 Russland (Tschetschenien, wo das Gerücht entstanden ist, Flüchtlinge würden in Deutschland mit 4 000 € Begrüßungsgeld empfangen), Syrien und Afghanistan.
Im ersten Halbjahr 1913 haben die Behörden 40 Prozent der Asylanträge abgelehnt, 15 Prozent wurden anerkannt. Bei weiteren 16,8 Prozent wurden Abschiebungsverbote festgestellt. Bei den übrigen Bewerbern hat sich nach einer Mitteilung des Bundesinnenministeriums das Verfahren „anderweitig erledigt", etwa weil die Asylanträge zwischenzeitlich zurückgezogen wurden.

Rechtsstatus von Flüchtlingen in Deutschland
Das deutsche Ausländer- und Asylrecht unterscheidet folgende Gruppen von Flüchtlingen:

- Asylberechtigte nach Art. 16a GG: Wegen ihrer politischen Überzeugung in ihrem Herkunftsland Verfolgte. Nach einer EU-Richtlinie ist unerheblich, ob die Verfolgung vom Staat oder von nichtstaatlichen Akteuren ausgeht. Sie haben auch den Anspruch, ihre Familienangehörigen nach Deutschland zu holen.
- Konventionsflüchtlinge, d. h. Flüchtlinge nach der Genfer Flüchtlingskonvention (GFK): Neben der politischen Überzeugung erkennt die GFK noch folgende Merkmale als asylerheblich an: Rasse, Religion, Nationalität, Zugehörigkeit zu einer bestimmten sozialen Gruppe, worunter auch das Geschlecht zu verstehen ist. GFK-Flüchtlinge können unter bestimmten Voraussetzungen ihre Familienangehörige nach Deutschland holen.
- Kontingentflüchtlinge: Flüchtlinge, die ihm Rahmen humanitärer Hilfsaktionen aufgenommen wurden. Ihnen wird ein Bleiberecht gewährt, ohne dass sie sich zuvor einem Anerkennungsverfahren unterziehen müssen.
- Kriegs- und Bürgerkriegsflüchtlinge: Sie können seit dem 1. Juli 1993 vorübergehend ohne Einzelfallprüfung aufgenommen werden. Über eine Aufnahme wird politisch entschieden.
- De-facto-Flüchtlinge: Sie bilden die größte Flüchtlingsgruppe in Deutschland. Sie haben entweder keinen Asylantrag gestellt oder ihr Asylantrag ist abgelehnt worden. Ihre Abschiebung wird vorübergehend ausgesetzt, weil ihrer Abschiebung verbindliche völkerrechtliche Verpflichtungen entgegenstehen, im Herkunftsland eine erhebliche konkrete Gefahr für Leib, Leben oder Freiheit besteht oder weil dringende humanitäre oder persönliche Gründe oder tatsächliche Abschiebungshindernisse ihre vorübergehende weitere Anwesenheit im Bundesgebiet nötig macht. Sie haben entweder eine Aufenthaltserlaubnis, die jederzeit widerrufen werden kann, oder sie sind nur geduldet. Die Duldung ist unterhalb einer Aufenthaltserlaubnis. Sie betrifft nur die gegenwärtige Unmöglichkeit der Abschiebung, z. B. vorübergehende Reiseunfähigkeit.

Lösungshinweise zu den Aufgaben im Schülerband

Seite 15, Aufgabe 1: Offensichtlich greift die Drittstaatenregelung nicht, die beiden Häftlinge müssen also Deutschland per Flugzeug oder Schiff erreicht haben. Die beiden kommen entweder aus einem sicheren Herkunftsstaat und konnten keine Tatsachen für persönliche Verfolgung vorbringen oder – darauf deutet die Karikatur durch den Abschiebebescheid eher hin – sie konnten im Asylverfahren keine asylrelevanten Tatsachen für ihre persönliche Verfolgung vorbringen, sodass ihr Asylantrag abgelehnt wurde.

Seite 15, Aufgabe 2: Die muslimische Ahmadiyya-Gemeinschaft ist eine islamische Erneuerungsbewegung. In Pakistan sieht das Strafgesetzbuch vor, dass Angehörige der Ahmadiyya-Gemeinschaft mit Freiheitsstrafe bis zu drei Jahren bestraft werden, wenn sie Anspruch erheben, Muslime zu sein, ihren Glauben als Islam bezeichnen, ihn predigen oder propagieren oder andere auffordern, sich ihrer Glaubensgemeinschaft anzuschließen. Wer den Namen des Propheten Mohammed verunglimpft kann mit dem Tode oder mit lebenslanger Freiheitsstrafe bestraft werden.

Seite 15, Aufgabe 3: Im vorliegenden Fall hatte einer der beiden Asylbewerber vorgetragen, er sei in seinem Heimatdorf von einer Gruppe von Leuten mehrmals auf dem Gebetsplatz geschlagen und mit Steinen beworfen worden. Sie hätten ihn mit dem Tode bedroht und bei der Polizei wegen Beleidigung des Propheten Mohammed angezeigt. Der andere Asylbewerber führte an, er sei wegen religiöser Überzeugung misshandelt und inhaftiert worden.
(nach:
http://www.rechtslupe.de/europarecht/verfolgung-wegen-oeffentlicher-glaubensbetaetigung-345560
und Pressemitteilung Nr. 108/12 des Gerichtshofs der Europäischen Union vom 5. 9. 2012).
Die deutschen Ausländerbehörden und die deutsche Justiz verneinten in beiden Fällen die Verfolgung aus religiösen Gründen, weil in Pakistan die Anhänger der Ahmadiyya nur für die öffentliche Ausübung ihrer Religion verfolgt würden, im privaten Bereich könnten sie diese aber ungehindert praktizieren.

Seite 15, Aufgabe 4: Der Kommentar der taz legt die Annahme nahe, dass der EuGH das Asylrecht weniger restriktiv auslegt als die deutschen Ausländerbehörden bzw. die deutschen Verwaltungsgerichte. Offenbar nimmt er das Asylrecht als ein Schutzrecht für Verfolgte ernst (Z. 53 ff.).
Hinweis: Ausführlich zum juristischen Hintergrund, einschließlich des Urteils im Wortlaut: Juristischer Informationsdienst dejure.org.

5. Festung Europa? (S. 16–19)

Mögliche Stundenstruktur

Phase	Material Schülerband	Methode/Sozialform
Einstieg	M 1 und 2, S. 16 f., Aufgaben 1 und 2, S. 17	Karikatur- und Kartenanalyse, Unterrichtsgespräch
Erarbeitung	M 3, S. 18 f., Aufgaben 1 und 2, S. 19	Recherche, Präsentation, arbeitsteilige Gruppenarbeit
Problematisierung	Aufgabe 3, S. 19	Diskussion

Lösungshinweise zu den Aufgaben im Schülerband

Seite 17, Aufgabe 1: Die EU will die Flüchtlinge nicht retten: Die Rettungsringe, nach denen die Flüchtlinge im überladenen Boot hoffnungsvoll greifen, erweisen sich als Stacheldrahtrollen, die für Abweisung stehen. Das EU-Schiff ist mit Kanonen bewaffnet, was darauf hinweisen könnte, dass es die EU ernst meint mit ihren Bemühungen, Flüchtlinge abzuwehren. Die Szene spielt sich auf offener See ab: die Flüchtlinge sollen erst gar nicht das Hoheitsgebiet der EU erreichen.
Der Klasse könnte anschließend in einem kurzen Lehrervortrag das neue Projekt EUROSUR vorgestellt werden: *www.wdr.de* (Stichwort: Eurosur).

Seite 17, Aufgabe 2:

Die Karte zeigt die EU und die EU-Beitrittskandidaten, von denen inzwischen Kroatien Vollmitglied ist, ferner die 26 Länder des Schengenraums, dem die EU-Länder Großbritannien, Irland, Zypern, Bulgarien und Rumänien nicht angehören, jedoch die Nicht-EU-Staaten Island, Norwegen, die Schweiz und Liechtenstein. Weiter sind durch die gelbe Linie grob die Adressaten der europäischen Nachbarschaftspolitik angedeutet. Es handelt sich um 16 Länder; zu diesen gehören auch Armenien, Aserbaidschan und Georgien, aber nicht Russland, der Irak sowie Mali.

Frontex Operationen: Die Karte zeigt die Frontex-Operationen an den Seegrenzen im Jahr 2010. Sie tragen Namen aus der griechischen Mythologie: Die Operationen decken jeweils bestimmte Grenzregionen auf ca. 2 000 km ab und finden meist jährlich statt.

Tote: Flüchtlinge, die mit dem Boot übers Mittelmeer nach Europa wollen, haben nur zu 75 % eine Überlebenschance. Im Schnitt ertrinkt jeder vierte von ihnen.

Es gibt keine offiziellen Statistiken an den EU-Außengrenzen. Deshalb gehören die Berechnungen der NGO Fortresse Europe, die seit Anfang der 1990er-Jahre kontinuierlich die Toten an den EU-Grenzen auf der Grundlage von Presseberichten zählt, zu den zuverlässigsten Angaben, die derzeit erreichbar sind. Danach berichtete die Presse über den Tod von mindestens 14678 Menschen, die zwischen 1988 und August 2009 entlang der europäischen Grenzen starben, davon sind 6279 im Mittelmeer verschollen. Bei den Zahlenangaben ist zu berücksichtigen, dass die Zahl der Todesopfer vermutlich deutlich höher ist, da mit einer erheblichen Dunkelziffer zu rechnen ist.

Auch Frontex ist für den Tod zahlreicher Migranten verantwortlich. So ist z. B. für einen Fall, der im Auftrag des Europarates untersucht wurde, verweigerte Hilfeleistung dokumentiert: 61 Menschen mussten im Mittelmeer sterben, obwohl ihr Hilferuf registriert wurde und die Position des schiffbrüchigen Bootes bekannt war.

Lager: Der frühere Bundesinnenminister Schily hatte, unterstützt vom italienischen Innenminister 2004/05 vorgeschlagen, in den nordafrikanischen Staaten Auffanglager für Migranten zu errichten. In diese sollten, die auf hoher See aufgegriffenen Flüchtlinge gebracht werden. Die Lager sollten auch für Migranten, die den Weg über das Mittelmeer scheuten, Anlaufstelle sein. EU-Beamte bzw. das UN-Flüchtlingswerk UNHCR sollten die Schutzwürdigkeit der Migranten prüfen. Schutzbedürftige sollten von einem EU- Mitgliedsland aufgenommen werden, das auch deren Asylanträge zu prüfen hätte. Nicht nach der Genfer-Flüchtlingskonvention Schutzwürdige sollten sofort zurückgeschickt werden. Schily versprach sich von seinem Plan die Senkung der Zahl der tödlichen Unfälle beim Überqueren des Mittelmeeres und zugleich eine wirkungsvolle Bekämpfung der illegalen Migration. Nach diesen Vorstellungen entstanden von der EU finanzierte Lager in Nordafrika. Parallel dazu haben einzelne EU-Länder bilaterale Rücknahmeabkommen geschlossen. Bekannt wurde vor allem das Abkommen zwischen Italien (unter der Regierung Berlusconi) und Libyen (unter Gaddafi). In der Folge wurden über das Transitland Libyen auf Lampedusa gestrandete Flüchtlinge ohne Überprüfung der Fluchtgründe nach Libyen abgeschoben, wo sie z. B. im Wüstenlager Gatrun unter menschenunwürdigen Bedingungen interniert wurden. Aus Libyen abgeschobene Flüchtlinge sollen in der Wüste ausgesetzt worden und dort ums Leben gekommen sein. Auch Spanien schiebt Migranten ohne Einzelfallprüfung nach Marokko ab.

Seite 19, Aufgabe 1:

Pro Asyl, Überleben im Transit – Zur Situation von Flüchtlingen in der Türkei, 2012
www.proasyl.de/en/topics/european-politics/detais-eu-politics/news/ueberleben_im_transit_zur_lage_von_fluechtlingen_in_der_tuerkei/?cHash=3816abb6cac9426e2ba5741dfa5e592f&no_cache=1&sword_list[0]=%C3%BCberleben&sword_list[1]=im&sword_list[2]=transit
Pro Asyl, Walls of Shame – Accounts from the Inside: The Detention Centres of Evros, 2010
www.proasyl.de/fileadmin/fm-dam/q_PUBLIKATIONEN/2012/Evros-Bericht_12_04_10_BHP.pdf
Pro Asyl, Dokumente zur Situation von Flüchtlingen in Griechenland, 2010
www.proasyl.de/de/themen/eu-politik/situation-in-griechenland/archiv-griechenland/

Seite 19, Aufgabe 3:

Diskutiert werden könnte z. B. das Abdrängen von Flüchtlingen auf hoher See ohne ihnen die Möglichkeit eines fairen Asylverfahrens zu geben (Unterminierung des Rechtes auf Asyl nach der Genfer Flüchtlingskonvention), die Kooperation mit Drittstaaten mit bedenklicher Menschenrechtslage oder die Dublin II-Verordnung, die z. B. zu einer Überforderung Griechenlands mit der Konsequenz eines menschenunwürdigen Umgangs mit Flüchtlingen führt.

6. Braucht Deutschland Zuwanderung? (S. 20–23)

Mögliche Stundenstruktur

Phase	Material		Methode/Sozialform
	Schülerband	Lehrerband	
Einstieg	M 1, S. 20, Aufgabe 1, S. 21		Karikaturanalyse, Unterrichtsgespräch
Weiterführung	Aufgaben 2 und 3, S. 21		Recherche, Unterrichtsgespräch
Erarbeitung I	M 2 bis M 4, S. 21; Infotext, S. 21; Aufgaben 4 und 5, S. 21		Karikaturenvergleich, Unterrichtsgespräch
Erarbeitung II	M 5, S. 22, Aufgaben 1 und 2, S. 23, Aufgaben 2 und 3, S. 23		Textarbeit, Einzelarbeit, Recherche, Unterrichtsgespräch, Diskussion
Problematisierung I	M 6, S. 22, Aufgabe 4, S. 23		Karikaturanalyse, Unterrichtsgespräch
Problematisierung II	M 7, S. 23, Aufgabe 4, S. 23	Arbeitsblatt „Will Deutschland auf Wohlstand verzichten?“ Info „Zukunftsszenarien“	Einzelarbeit, Unterrichtsgespräch, Diskussion

Lösungshinweise zu den Aufgaben im Schülerband

Seite 21, Aufgabe 1:

Gastarbeiter sind unentbehrlich; verrichten Aufgaben, die kein Deutscher mehr machen will. Identifikation der Gastarbeiter mit Deutschland („unser Deutschland").

Seite 21, Aufgabe 2:

Siehe Infotext auf S. 20 im Schülerband.

Seite 22, Aufgabe 3:

Mehr als 40 Jahre hielt die deutsche Politik an der Fiktion fest, Deutschland sei kein Einwanderungsland. Dem Begriff „Gastarbeiter" lag die Vorstellung einer Rotation, der aus dem Ausland angeworbenen Arbeitskräfte, zugrunde. Für die nach einigen Jahren des Aufenthaltes in Deutschland in ihre Herkunftsländer Zurückkehrenden sollte jeweils eine neue Generation nachrücken. Die Konsequenz war, dass keine Anstalten getroffen wurden, die Gastarbeiter in die deutsche Gesellschaft zu integrieren. „Gäste bleiben nicht ewig, sie gehören nicht dazu." (Infotext)

Seite 22, Aufgabe 4:

1973 wurde ein Anwerbestopp für Gastarbeiter in Deutschland erlassen. Danach gab es nur noch zahlenmäßig und zeitlich befristete Ausnahmen für bestimmte Berufsgruppen, um Engpässe auf dem Arbeitsmarkt zu überbrücken, z. B. die Green-Card-Regelung von 2000, mit der für fünf Jahre 20 000 Computerspezialisten aus Nicht-EU-Ländern nach Deutschland geholt werden sollten. Die Aktion erwies sich allerdings als Flop. EU-Bürger können dagegen seit dem Vertrag von Maastricht (1993) überall in der EU arbeiten. Für sie besteht in Deutschland also Aufenthalts- und Niederlassungsfreiheit (Schülerband S. 175, S. 190). Das Zuwanderungsgesetz von 2004 brachte dann eine Regelung für Spitzenkräfte aus Nicht-EU-Ländern:

- Hochqualifizierte mit besonderen Kenntnissen und besonderer Berufserfahrung können sich zeitlich unbefristet in Deutschland niederlassen, wenn sie ein konkretes Arbeitsplatzangebot mit sehr hoher Vergütung nachweisen.
- Selbstständige, die in Deutschland mindestens eine Million Euro investieren und mindestens zehn Arbeitsplätze schaffen, können bei unternehmerischem Erfolg nach drei Jahren eine unbefristete Niederlassungserlaubnis erhalten.
- Studenten können nach erfolgreichem Studienabschluss bis zu einem Jahr in Deutschland bleiben, um einen ihrem Studienabschluss entsprechenden und für Nicht-EU-Bürger offenen Arbeitsplatz zu suchen.

Im Jahr 2012 wurde die EU Blue Card in Deutschland für Fachleute aus Nicht-EU-Ländern eingeführt.

Seite 22, Aufgabe 5:

Die Karikatur greift das Bild von der Festung Europa auf (Kap. 5, S. 16). In Europa sind Investoren, nicht aber Flüchtlinge willkommen.

Seite 23, Aufgabe 2:

pro: z. B. Deutschland ist wohlhabend, seine Firmen und die Kunst seiner Ingenieure sind weltweit angesehen, gute Chancen für qualifizierte Arbeitskräfte (demografischer Wandel);
kontra: z. B. Sprache, Klima, Ausländerfeindlichkeit.

Seite 23, Aufgabe 3:

Senkung des Mindesteinkommens, Wegfall der Vorrangprüfung usw. weitere Einzelheiten:
http://www.bluecard-eu./de/blaue-karte-eu-deutschland/

Seite 23, Aufgabe 4:

Die Karikatur zeigt, dass die Bevölkerung in ihrer Einstellung zur Zuwanderung hin- und hergerissen ist. Positive Beurteilung und Skepsis, ja Ablehnung halten sich die Waage. Kazim bringt es auf den Punkt: Die Deutschen müssen einsehen, dass Menschen kommen und nicht Wirtschaftsfaktoren. Dementsprechend müssen sie sich auf Menschen und deren Mentalitäten und Kulturen einlassen und sie nicht als Gäste behandeln (wie einst die Gastarbeiter), die lediglich dazu beitragen sollen, unseren Wohlstand zu mehren und sich im Übrigen anpassen müssen.
Aufschlussreich in diesem Zusammenhang ist auch die von der Bertelsmann-Stiftung veranlasste repräsentative Umfrage von TNS Emnid „Willkommenskultur in Deutschland" vom Dezember 2012, abrufbar unter: *www.bertelsmann-stiftung.de*.

M1 Will Deutschland auf Wohlstand verzichten?

Jahr für Jahr kostet der Fachkräftemangel die deutsche Volkswirtschaft schätzungsweise 15 bis 20 Milliarden Euro. Jedem Umsatz, den Firmen nicht erzielen, folgen entgangene Steuern und entgangene Sozialabgaben. Deutschland verzichtet also auf Wohlstand. Das ist grotesk, wenn man bedenkt, dass zugleich [...] über soziale Ungerechtigkeit und wachsende Schieflage zwischen Arm und Reich geklagt wird. Wer mehr Wohlstand schaffen will, kommt also nicht umhin, der sozial verbrämten Fremdenangst entgegenzutreten [...]. So wie die Software und Internetbranche im kalifornischen Silicon Valley enorm von Zuwanderern profitiert, können Informatiker, Ingenieure, Mathematiker und andere Spezialisten aus Asien oder Russland den Erfolg der deutschen Schlüsselbranchen (Maschinen- und Anlagenbau, Chemie, Elektro- und Autoindustrie) beflügeln. Höchste Zeit, die besten Köpfe wirklich willkommen zu heißen.

Bernhard Walker, in: Badische Zeitung vom 27.2.2008, S. 4

1 „Höchste Zeit, die besten Köpfe wirklich willkommen zu heißen." Zeigt, womit der Autor diesen Aufruf begründet.

2 „Wir können nicht den armen Ländern ihre besten Köpfe abwerben" (Vural Öger, Schülerband, S. 23). Setzt euch mit den Meinungen des Journalisten Bernhard Walker sowie des Unternehmers und Politikers Vural Öger auseinander.

7. Miteinander? Nebeneinander? Gegeneinander? (S. 24–25)

Mögliche Stundenstruktur

Phase	Material		Methode/Sozialform
	Schülerband	Lehrerband	
Einstieg		Die Wellritzstraße, S. 24, Aufgabe 1	Umfrage, Diskussion
Erarbeitung	Aufgaben 2 bis 4, S. 25		Entwurf von Inseraten, arbeitsteilige Gruppenarbeit, Unterrichtsgespräch
Problematisierung		Arbeitsblätter „Die Keupstraße in Köln", „Raus aus dem Ghetto"	Textarbeit, Unterrichtsgespräch, Diskussion

Mit der Überschrift des Teilkapitels 7 „Miteinander? Nebeneinander? Gegeneinander?" rückt das Kernstück der Unterrichtseinheit, das Zusammenleben von Einheimischen und Migranten, in den Fragehorizont. Teilkapitel 7 führt am Beispiel der innerstädtischen räumlichen Segregation in die Thematik ein. Zwar gibt es in Deutschland – anders als in Frankreich oder den USA – keine größeren Stadtteile aus denen Angehörige der Mehrheitsgesellschaft praktisch vollständig abgewandert sind, dennoch wurde dem Thema in den letzten Jahren in Deutschland große Aufmerksamkeit zuteil.
Einer „Repräsentativbefragung ausgewählter Migrantengruppen in Deutschland 2006/2007" (RAM) zufolge wohnt mehr als ein Drittel der Türken nach eigenen Angaben in einem Viertel mit mehr als 50 % Ausländeranteil. Beispiele für hohen Anteil an Bewohnern mit Migrationshintergrund sind Duisburg-Marxloh (ca. 66 %), Hamburg-Veddel (70 %) oder Berlin-Mitte (44,8 %). Vielerorts finden sich Straßenzüge mit einem hohen Migrantenanteil, z. B. in Köln die Keupstraße und in Wiesbaden die Wellritzstraße. Letztere wird in Kapitel 7 exemplarisch vorgestellt. In Teilkapitel 8 wird dann das Problem der Integration angesprochen. Beide Kapitel bilden also thematisch eine Einheit, was durch die verklammernde Aufgabe 1, S. 26 verdeutlicht wird.

Verwiesen sei in diesem Zusammenhang auch auf drei Studien:
Bundesamt für Migration und Flüchtlinge (Hrsg.): Wohnen und innerstädtische Segregation von Migranten in Deutschland, 2008, Reihe Integrationsreport, Teil 4; *www.bamf.de*

„Zuwanderer in Deutschland", 2009, Institut für Demoskopie Allensbach im Auftrag der Bertelsmann-Stiftung; *www.ifd-allensbach.de/uploads/tx_studies/740S_Zuwanderer.pdf*

„Ungenutzte Potentiale", Zur Lage der Integration in Deutschland, Berlin Institut für Bevölkerung und Entwicklung, 2009;
www.berlin-institut.org/fileadmin/user_upload/Zuwanderung/1ntegration_RZ_online.pdf

Lösungshinweise zu den Aufgaben im Schülerband

Seite 25, Aufgabe 1:
Miteinander: z. B. Z. 1 ff., Z. 36 ff.;
Nebeneinander: z. B. Z. 9 ff., Z. 54 ff.;
Gegeneinander: z. B. Z. 14 ff., Z. 67 ff.

Seite 25, Aufgabe 4:
Das tatsächlich angedachte Projekt zielt auf eine kaufkräftige Kundschaft, die nicht in der Wellritzstraße zu finden ist (hoher Anteil arbeitsloser Anwohner). Im Sinne der drei einheimischen Investoren wäre es sicher, wenn die Straße noch attraktiver gemacht würde als sie für einen Teil der Einheimischen ohnehin schon ist: Umgestaltung in Fußgängerzone, Erneuerung des Straßenbelages, Begrünung, Straßencafés, ggf. Verbesserung der Verkehrsanbindung wären mögliche städteplanerische Maßnahmen. Die Gefahr ist, dass eine groß angelegte Aufwertung zu einer Verdrängung der derzeitigen Bewohner führen könnte, zumal der Hauseigentümer und Makler Yüksel Topçu schon jetzt um den Zuzug von Einheimischen wirbt. Anwohner-Initiativen (vgl. die Pläne von Ertregul Bucak) wären vorzuziehen. Sie könnten dazu beitragen, dass sich ein weltoffeneres Wohnumfeld entwickelt. In diesem Zusammenhang könnte die Frage migrantendominierter Wohnviertel diskutiert werden.

8. Herausforderung Integration (S. 26–29)

Mögliche Stundenstruktur

Phase	Material Schülerband	Methode/Sozialform
Einstieg	M 2, S. 26, Aufgabe 2, 1. Halbsatz, S. 27	Karikaturanalyse, Unterrichtsgespräch
Erarbeitung I	M 1, S. 26, Aufgaben 1 und 2, S. 26 f.	Unterrichtsgespräch
Fortführung	M 3 und M 4, S. 27, Aufgaben 4 und 5, S. 27	Unterrichtsgespräch
Erarbeitung II/ Problematisierung	M 5–M 10, S. 28 f., Aufgaben 1–4, S. 29	Datenanalyse, Unterrichtsgespräch, Diskussion

Lösungshinweise zu den Aufgaben im Schülerband

Seite 26, Aufgabe 1:

Multikulturelle Gesellschaft: Erol Erdan,Veronique Kambamba, wahrscheinlich Familie Bucak (liberale Muslime);
Assimilation: Ali Cal; wahrscheinlich Yüksel Topça;
Parallelgesellschaft: Ebubekir Duran, die Geschäftsleute im Haus Nr. 14, z. B. Susanne Seifert, der Bäckermeister Rolf Eichert, wobei nicht gesagt ist, dass er sich mit der Parallelgesellschaft, die er in der Weilritzstraße verwirklicht sieht, auch identifiziert. Möglicherweise ist er auch Anhänger einer Deutschen Leitkultur („Orientalische und deutsche Mentalität, das passt nicht zusammen“).

Seite 27, Aufgabe 2:

Der Ausspruch des Deutschen weist ihn als Vertreter der deutschen Leitkultur aus: er versteht unter „Integration“ Assimilation. Auch das im Garten aufgestellte Plakat könnte in diesem Sinne interpretiert werden; möglicherweise ist es auch Ausdruck krasser Ausländerfeindlichkeit, die die Muslime am liebsten des Landes verweisen würde.
Die Position der beiden Muslime lässt sich nicht genau bestimmen; zu denken ist am ehesten an Parallelgesellschaft.

Seite 27, Aufgabe 3:

(Türkische) Parallelgesellschaft, z. B.: In Deutschland gibt es türkische Kindergärten, Schulen und Hochschulen gleichberechtigt neben entsprechenden deutschen Einrichtungen. Schulpflichtige Kinder türkischer Eltern besuchen türkische Schulen. In den türkischen Schulen gelten mit dem türkischen Unterrichtsministerium abgestimmte Bildungspläne. Türkisch ist die offizielle Schulsprache; Deutsch wird durchgängig als erste Fremdsprache unterrichtet. Wo es nicht möglich ist, eigene Schulen einzurichten, müssen islamische Werte und Normen zwingend beachtet werden, z. B. können türkische Mädchen nicht gezwungen werden, zusammen mit Jungen am Schwimmunterricht teilzunehmen. An islamischen Feiertagen entfällt für muslimische Schüler der Unterricht.
Deutsche Leitkultur, z. B. jedes in Deutschland lebende Kind ist der deutschen Schulpflicht unterworfen, wenn die Erziehungsberechtigten hier ihren Wohnsitz haben. An den Schulen gelten ausschließlich die Bildungspläne des jeweiligen Bundeslandes. Muslimische Kinder und Jugendliche sind zum Besuch des Ethikunterrichts verpflichtet. An Stelle des Ethikunterrichts können sie auch den Religionsunterricht einer christlichen Konfession besuchen. Für Lehrerinnen besteht Kopftuchverbot während des Dienstes. Aktuell (2013) bereitet eine Berliner Rechtsanwältin eine Verfassungsbeschwerde vor, die für Rechtsanwältinnen, Richterinnen und Gerichtspersonal das Tragen von Kopftüchern während Gerichtsverhandlungen durchsetzen will.
Multikulturelle Gesellschaft, z. B. In Deutschland können türkische Schulen als Privatschulen errichtet werden. Für ihre Anerkennung gelten die gleichen Regeln wie für alle Privatschulen. An den öffentlichen Schulen wird islamischer Religionsunterricht erteilt.

Seite 27, Aufgabe 4:

Die Karikatur lässt mehrere Deutungen zu.

Seite 27, Aufgabe 5:

Die Schülerinnen und Schüler dürften in erster Linie Beispiele aus ihrem eigenen Erfahrungsbereich nennen; dabei wird nicht immer klar zwischen den einzelnen Dimensionen der Integration zu unterscheiden sein: Zugewanderte sind im Durchschnitt schlechter gebildet, häufiger arbeitslos und nehmen weniger am öffentlichen Leben teil als Einheimische. Ohne ausreichende Bildung ist Integration nahezu unmöglich. Um den Migrantenkindern so früh wie möglich Chancengleichheit zu verschaffen, könnte man an kostenlose Kindergärten mit pädagogisch geschultem Personal zur Sprachförderung und an ein verpflichtendes Vorschuljahr denken. Schulen sollten zu Ganztagesschulen ausgebaut werden, in denen neben Unterricht Projektarbeit stattfindet und Raum für Freizeitaktivitäten ist. Ältere Schüler könnten Patenschaften für jüngere übernehmen. Über die Schule könnten auch die Eltern mit Beratungs- und Weiterbildungsangeboten erreicht werden. Durch die Gewährung des kommunalen Wahlrechts könnte die Zugehörigkeits- und Identifikationsbereitschaft gefördert werden.

Seite 29, Aufgabe 1:

Der Anteil der Personen ohne Schulabschluss ist bei den 15 bis 25-Jährigen mit Migrationshintergrund mehr als doppelt so hoch wie bei den Angehörigen dieser Altersgruppe ohne Migrationshintergrund.
Der Anteil der 15 bis 25-Jährigen mit Abitur ist zwischen 2005 und 2010 sowohl bei Personen mit und ohne Migrationshintergrund gestiegen, bei letzteren jedoch deutlich stärker.
Es gibt einen deutlichen Zusammenhang zwischen Staatsangehörigkeit und den Besuch des Gymnasiums. In Deutschland lebende Schüler mit vietnamesischer Staatsangehörigkeit sind besonders bildungsfreudig. Fast jeder zweite von ihnen besucht das Gymnasium, aber nicht einmal jeder dritte deutsche Schüler. Schlusslicht in der vorliegenden Auswahl sind die griechischen Schüler; von ihnen geht nicht einmal jeder fünfte auf das Gymnasium.

Seite 29, Aufgabe 2:

Die Studentin macht in erster Linie die mangelnde Förderung durch das Elternhaus verantwortlich. Für sie ist der Bildungsabstand vieler türkischer Jugendlicher in erster Linie sozial verursacht und weniger eine Folge mangelnder Integration.

Seite 29, Aufgabe 3:

Die Professorin ist eine Ausnahme: Türken heiraten ganz überwiegend untereinander. Ihre Eltern haben das auch von ihr erwartet. Als Professorin war sie jedoch so emanzipiert, dass sie sich dem Druck der Familie nicht beugen musste und lieber den Bruch mit der Familie in Kauf nahm.

Seite 29, Aufgabe 4:

Das Reizwort des früheren Bundespräsidenten Wulff: „Der Islam gehört zu Deutschland" könnte die Problematisierungsphase einleiten. Eine Konsequenz Wulffs wäre, den Bau von Moscheen zu befürworten. Die Muslimin Necla Kelek steht dem Moscheebau skeptisch gegenüber; ja sie spricht sogar von einem Hindernis für die Integration, denn ihrer Ansicht nach sind viele Moscheen Keimzellen einer Gegengesellschaft. Für Jörg Lau ist es widersprüchlich, wenn einerseits von den Muslimen verlangt wird, sich zu den Werten dieser Gesellschaft, also auch zur Religionsfreiheit, zu bekennen, ihnen aber andererseits wesentliche Rechte wie den Bau von Moscheen abgesprochen werden. Dieser Widerspruch ist in Deutschland besonders ausgeprägt (M 10). Allerdings sagt Lau auch, dass sich die Muslime kritische Fragen hinsichtlich deren Einstellung zu den Werten der Mehrheitsgesellschaft gefallen lassen müssen. Insofern stimmt er Kelek zu. Es bleibt aber offen, was geschehen soll, wenn radikale Islamisten Moscheen tatsächlich zur Indoktrination nutzen. Wo sind Grenzen zu ziehen?

9. Integration und Einbürgerung (S. 30–31)

Mögliche Stundenstruktur

Phase	Material Schülerband	Methode/Sozialform
Einstieg	M 1, S. 30, Aufgabe 1, S. 31	Brainstorming
Erarbeitung	M 1 und M 2, S. 30, Infotext, S. 30, Aufgaben 2 und 3, S. 31	Unterrichtsgespräch
Fortführung	M 3, S. 31, Aufgabe 3	Einzelarbeit, Unterrichtsgespräch
Problematisierung	Aufgaben 5 und 6, S. 31	Recherche, Diskussion

Lösungshinweise zu den Aufgaben im Schülerband

Seite 31, Aufgabe 2: Die Schülerinnen und Schüler sollen die Bedeutung des bis zur Jahrhundertwende in Deutschland gültigen ius sanquinis für die Einbürgerung herausarbeiten und darlegen, dass selbst das am ius soli orientierte Staatsangehörigkeitsgesetz, das am 1. 1. 2000 in Kraft getreten ist, noch hohe Hürden enthält, z. B. die Verweigerung der doppelten Staatsbürgerschaft für in Deutschland geborene und aufgewachsene Kinder ausländischer Eltern nach Erreichen der Volljährigkeit, vgl. dazu auch Schülerband M 2.

Seite 31, Aufgabe 3: Die Kampagne bezieht sich auf Ausländer, die mindestens acht Jahre in Deutschland leben, vgl. Schülerband M 2.

Seite 31, Aufgabe 4: Als freiberuflich tätige Schauspielerin hatte sie – wie bei Schauspielern üblich – kein regelmäßiges Einkommen und konnte daher nach dem Wortlaut des Zuwanderungsgesetzes nicht eingebürgert werden, obwohl sie sehr erfolgreich in ihrem Beruf war. Die Entscheidung mag formaljuristisch gesehen korrekt sein, entspricht aber ganz gewiss nicht dem Geist des Gesetzes, das mit der fraglichen Bestimmung die Ausnutzung der Sozialsysteme Deutschlands verhindern wollte.

Seite 31, Aufgabe 5: Die Schülerinnen und Schüler sollten den Text nach Belegen für die erfolgreiche Integration der Schauspielerin untersuchen. Aus deren Sicht dürfte die Erklärung von CDU und CSU eine leere Phrase sein.

Seite 31, Aufgabe 6: Bei der Bearbeitung dieser Aufgabe sollte auf Kapitel 6, S. 20–23 verwiesen werden.

Kompetent? (S. 32–33)

Mögliche Stundenstruktur

Phase	Material Schülerband	Methode/Sozialform
Einstieg	Text „Kronzeugen für eine Lüge“	Unterrichtsgespräch
Erarbeitung	Aufgabe 1	Einzelarbeit
Problematisierung	Aufgabe 2 und 3	Einzelarbeit, Unterrichtsgespräch
Weiterführung	Aufgabe 4 und 5	Text verfassen, Diskussion

Lösungshinweise zu den Aufgaben im Schülerband

Seite 33, Aufgabe 1:

Asyl (Z. 118), Asylheim (Z. 1), Asylbewerber (Z. 6), Abschiebung (Z. 7, Z. 103), deutscher Staatsbürger [werden]/Staatsbürgerschaft erhalten (Z. 10, Z. 15 f.), Schlepper (Z. 26), Auffanglager (Z. 29), Integration (Z. 130, Z. 149), Gastarbeiter (Z. 143)

Seite 33, Aufgabe 2:

Asyl: Schutz vor Verfolgung, vorübergehende Aufnahme Verfolgter
Asylbewerber: Migranten, deren Antrag auf Asyl bearbeitet wird. Voraussetzung für eine Anerkennung ist persönliche Verfolgung u. a. aus politischen, religiösen, ethnischen oder geschlechtsspezifischen Gründen.
Asylheim: Sammelunterkünfte für Asylbewerber
Abschiebung: Vollstreckung der Ausreisepflicht; sie beendet den unrechtmäßigen Aufenthalt eines Ausländers. Bis zur Abschiebung ist Abschiebehaft möglich.
Staatsbürgerschaft, Erwerb: Durch Abstammung von deutschen Eltern, durch Geburt von dauerhaft in Deutschland lebenden ausländischen Eltern und persönliche Entscheidung innerhalb von fünf Jahren nach Eintritt der Volljährigkeit, durch Einbürgerung unter bestimmten Voraussetzungen.
Schlepper: Person, die Flüchtlinge, Asylsuchende, Arbeitskräfte illegal von einem Land in ein anderes bringt.
Auffanglager: Sammelunterkünfte zur vorläufigen Unterbringung und Versorgung von Migranten.
Integration: Bezeichnung für die gesellschaftliche Eingliederung von Personen, die sich durch Sprache, Religion, ethnische Zugehörigkeit usw. von der Mehrheitsgesellschaft unterscheiden.
Gastarbeiter: Zwischen 1955 und 1973 angeworbene ausländische Arbeitskräfte, meist mit geringer Qualifikation.

Seite 33, Aufgabe 5:

Integration als Assimilation

Jugend, Gesellschaft, Recht

Vorbemerkungen zur Unterrichtseinheit

Das Kapitel „Jugend, Recht, Gesellschaft“ bezieht sich auf die Unterrichtseinheit 3 (Recht und Rechtsprechung in der Bundesrepublik Deutschland, Bildungsplan für die Klasse 9 und 10). Es weist zwei Schwerpunkte auf:
Die Auftaktseite und die ersten vier Teilkapitel thematisieren grundsätzliche Fragen von Recht und Rechtsstaat, die folgenden sieben die Einbindung des Jugendlichen in die Rechtsordnung. Im Mittelpunkt dieses Teils (Teilkapitel 7–11) stehen die Jugendkriminalität, das Jugendstrafrecht, der Jugendstrafvollzug und Alternativen wie die Möglichkeit des Täter-Opfer-Ausgleichs. Zivilrechtliche Aspekte der Rechtsstellung des Jugendlichen werden in den Teilkapiteln 5 und 6 angesprochen. Da das Thema Geschäftsfähigkeit bereits im Unterricht von Klasse 8 ausführlich zur Sprache kam (Schülerband 1, S. 80 ff.), dient das in Band 2 dazu enthaltene Material (S. 45, M 4) vor allem der Wiederholung.
Falls im Rahmen dieser Unterrichtseinheit der Besuch einer Gerichtsverhandlung vorgesehen ist, sollte dieser Besuch zeitnah mit der Behandlung von Teilkapitel 8 erfolgen. Für die Unterrichtsplanung ist daher eine frühzeitige Anfrage (geeignete Strafsache, Termin) unerlässlich. Der Lehrerband stellt Materialien zu den rechtlichen Voraussetzungen einer Straftat bereit. Sie ermöglichen eine vertiefte Vorbereitung des Gerichtsbesuches.
Das Rechtskapitel ist durchgängig fallorientiert angelegt und auf die Interessenlage der Altersgruppe zugeschnitten. Die am Fall gewonnenen Erkenntnisse dürfen aber nicht zum Selbstzweck werden, vielmehr müssen ihre gesellschaftlichen und rechtspolitischen Zusammenhänge herausgearbeitet und diskutiert werden.
Die sehr abstrakte Gesetzessprache bzw. juristische Terminologie sollte aus Gründen der Altersangemessenheit nicht überstrapaziert werden. Es gilt, sich auf wenige zentrale Fachtermini zu beschränken, die dann allerdings exakt gebraucht werden müssen.
Erfahrungsgemäß kommt es bei der Behandlung des Themas Recht immer wieder vor, dass einzelne Schüler um Rechtsauskünfte bitten. Der/die Unterrichtende sollte von vornherein klar machen, dass er/sie als Nichtjurist/in dazu nicht befugt ist.

Literaturhinweise

Avenarius, Hermann: *Die Rechtsordnung der Bundesrepublik Deutschland. Eine Einführung*, 3., neu bearb. Aufl. (Nachdr.), Bonn 2002 (Bundeszentrale für politische Bildung)
Avenarius, Hermann: *Kleines Rechtswörterbuch*, 6. Aufl., Bonn 1996
Bundeszentrale für politische Bildung (Hrsg.):
Informationen zur politischen Bildung: Grundrechte, Heft 305, 2010
Informationen zur politischen Bildung: Kriminalität und Strafrecht, Heft 306, 2010
fluter: Thema Recht, Nr. 38, Frühling 2011
Ostendorf, Heribert: *Jugendgerichtsgesetz*, 8., völlig überarbeit. Aufl., Baden-Baden 2009 von Hasseln, Sigrun: *Jugendrechtsberater*, 2. Aufl., München 2006

Links im Internet

Bundesministerium der Justiz: *www.bmj.de*
Deutsche Vereinigung für Jugendgerichte und Jugendgerichtshilfen e. V.: *www.dvjj.de*
Gesetze im Internet. Projekt des Bundesministeriums der Justiz zusammen mit der juris GmbH: *www.gesetze-im-internet.de*
Niedersächsisches Landesjustizportal: *www.justiz.niedersachsen.de*
Kriminologisches Forschungsinstitut Niedersachsen e. V. (KFN): *www.kfn.de*
Polizeiliche Kriminalprävention der Länder und des Bundes: *www.polizei-beratung.de*
Servicebüro für Täter-Opfer-Ausgleich und Konfliktschlichtung (Köln): *www.toa-servicebuero.de*

Filmtipps

Altersgrenzen im Rechtsleben
(Laufzeit: 22 Min.; Deutschland 2002)
„Die Rechtsfähigkeit des Menschen beginnt mit der Vollendung der Geburt“ (§ 1 BGB) und endet erst wieder mit dem Tod. In der Zwischenzeit erreicht man mit zunehmendem Alter verschiedene Rechtsstellungen, die in diesem Film in ihrer Bedeutung und ihren Konsequenzen dargestellt werden (z. B. Veränderungen bezüglich der Delikt-, Geschäfts- und Schuldfähigkeit). Mithilfe einer animierten Zeittafel werden am Ende jedes Kapitels die behandelten Altersgrenzen zusammengefasst.

Das Bürgerliche Gesetzbuch
(Laufzeit: 19 Min.; Deutschland 2006)
Der Film liefert mithilfe von Beispielen und Animationen einen Überblick über die Entstehung und die Rechtsnormen des öffentlichen und privaten Rechts (Rechtsnormen des BGB, Schuldrecht und Schuldverhältnisse, Vertragsrecht, Familienrecht, Erbrecht ...).

Das Jugendschutzgesetz
(Laufzeit: 17 Min.; Deutschland 2006)
Der Film stellt an Beispielen die Altersgrenzen für den Konsum von Alkohol, Tabakwaren und Medien (Gewaltspiele, Horrorfilme) dar und erläutert die gesetzlichen Grundlagen und die Folgen bei Verstößen. Er kann im Rahmen der Rechtskunde sowie der Suchtprävention eingesetzt werden.

Der Kaufvertrag
(Laufzeit: 16 Min.; Deutschland 2007)
Der Film geht von den zivilrechtlichen Bestimmungen im Bürgerlichen Gesetzbuch (BGB) aus auf zahlreiche Fragen rund um das Thema „Kauf“ ein. Er verdeutlicht, dass ein Kaufvertrag nicht unbedingt auf schriftlichem Wege zustande kommen muss, sondern auch auf mündlichen gegenseitigen Willenserklärungen beruhen kann. Es werden die Begriffe „geschäftsfähig“, „beschränkt geschäftsfähig“ und „geschäftsunfähig“ erläutert und der „Taschengeldparagraf“ an einem alltäglichen Beispiel illustriert. Außerdem befasst sich der Film mit Rechtsgeschäften von Minderjährigen einschließlich der aus ihnen resultierenden Folgen (Rechte und Pflichten des Käufers und des Verkäufers). Dabei geht es auch um Grundlagen des Verbraucherschutzes, z. B. Widerrufsfristen. Die einzelnen Kapitel des Filmes begleitet die Comicfigur des erfolglosen Erfinders „Herr Zweistein“, der demonstriert, wie man sich in Rechtsgeschäften besser nicht verhält ...

Jugendstrafen
(Laufzeit: 16 Min.; Deutschland 2004)
Der Film stellt anhand des Herunterladens und Verbreitens von MP3s dar, wie schnell ein Konflikt mit dem Strafgesetz entstehen kann. Zudem wird der Historie der Strafe sowie der Frage nachgegangen, „ob Strafe sein muss“. Behandelt werden überdies auch die Besonderheiten des Jugendstrafrechts und der Täter-Opfer-Ausgleich.

Strafe muss sein?
(Laufzeit: 120 Min.; Medienprojekt Wuppertal e.V.; Deutschland 2010)
Gezeigt werden Porträts straffällig gewordener Jungen und junge Männer. Die Straftaten, ihre Konsequenzen sowie die Auswirkungen der Strafen auf die Jugendlichen werden dabei aus subjektiver Perspektive betrachtet. Die Reihe enthält die folgenden Beiträge:
- Keine Gnade (3 gewalttätige Jugendliche mit Migrationshintergrund; 22 Min.)
- Dafür gibt es keine Strafe (5 junge Männer mit Delikten wie Einbruch, Raub, Drogenhandel, Körperverletztung; 15 Min.)
- Mindestens einmal die Woche Ärger (4 gewalttätige Schüler; 20 Min.)
- Diese Welt gönnt Dir nichts (3 jugendliche Intensivstraftäter; 32 Min.)
- Nie wieder Knast (3 Häftlinge der JVA Schwerte; 37 Min.)

Lernwege

Querverweise	Inhalt	Handlungsorientierte Methoden
	0. Auftaktseite	
Auftaktseite, S. 34 f. Wie entsteht ein Gesetz?, S. 104	1. Das Recht – Grundlage des Zusammenlebens	Gesetze formulieren
Grundrechte – nur schöne Worte? S. 70 f. Das Bundesverfassungsgericht – Hüter der Verfassung, S. 110 f. Gewaltenteilung – warum eigentlich?, S. 116 ff.	2. „Gesetz ist Gesetz“ – aber auch immer Recht?	
Gesetz ist Gesetz – aber auch immer Recht, S. 38 f.	3. Ist der Rechtsstaat in Gefahr?	Pro- und Kontra-Debatte
	4. Das Recht hat viele Seiten ...	
	5. Wäre ich doch endlich erwachsen!	Internetrecherche
	6. Elterliche Sorge: immer zum Wohl des Kindes?	Rollenspiel
Jugendliche Gewalttäter – immer brutaler, S. 56 ff.	7. Jugend auf der schiefen Bahn?	Rollenspiel: Dialoge führen; Wandzeitung gestalten; Zeitungsbericht verfassen
Besuch einer Gerichtsverhandlung	8. Strafe muss sein! – Muss Strafe sein?	Rollenspiel
	9. Geht es auch ohne Gericht?	
	10. Jugendliche Gewalttäter – immer brutaler?	Internetrecherchen
	11. Jugendstrafe! – Wird alles noch schlimmer?	Rollenspiel
	KOMPETENT?	Texte verfassen

1. Das Recht – Grundlage des Zusammenlebens (S. 36–37)

Mögliche Stundenstruktur

Phase	Material Schülerband	Methode/Sozialform
Einstieg	S. 34 f., Auftaktseite S. 36, Aufgabe 1	spontane Schüleräußerungen
Anwendung	S. 36, Aufgaben 2+3	Unterrichtsgespräch, Gruppenarbeit
Erarbeitung I	S. 36, M 1 S. 36, Aufgabe 4	Einzelarbeit, Unterrichtsgespräch
Erarbeitung II	S. 37, M 2 S. 37, Aufgabe 5	Einzelarbeit, Unterrichtsgespräch
Anwendung	S. 37, M 3 S. 37, Aufgabe 6	Einzelarbeit; alternativ: Hausaufgabe
Sicherung/ Problematisierung	S. 37, Aufgabe 7	Einzelarbeit, Text verfassen

In der ersten Stunde der Unterrichtseinheit geht es um die Aufgaben des Rechts und das staatliche Gewaltmonopol. Einsteigen können Sie mit den Auftaktseiten. Für Monroe gibt es kein staatliches Gewaltmonopol. Die Hinrichtung von Viehdieben dient der rücksichtslosen Durchsetzung seiner eigenen Interessen. Das willkürliche Vorgehen gegen die Farmer macht deutlich, dass das Recht des Stärkeren gilt und ein beiden Seiten gerecht werdender Interessenausgleich nicht möglich ist. Offensichtlich sind am Great River zurzeit Monroes staatliche Strukturen nicht vorhanden oder nur schwach ausgeprägt. Das kleinere Bild steht im Kontrast zum Geschehen am Great River.
Aufgaben 2 und 3 versetzen die Schülerinnen und Schüler in die Rolle eines Gesetzgebers und verlangen zugleich einen Perspektivwechsel. Aus der Sicht der schwächeren Farmer muss Aufgabe 3 zu Formulierungen führen, die eine friedliche Lösung der Interessenkonflikte ermöglichen. Dabei sollten die Chancen der Farmer erörtert werden, unter den gegebenen Bedingungen eines mehr oder weniger staatsfreien Raumes eine angemessene Berücksichtigung ihrer Interessen durchzusetzen. M 3 mit Aufgabe 6 ist auch gut als Hausaufgabe möglich.
Zur rechtlichen Bewertung des in M 1 geschilderten Falles: Dem Taxifahrer und seinen Kollegen könnte Amtsanmaßung nach § 132 StGB und Nötigung (§ 240 StGB), den Kollegen zusätzlich auch fahrlässige Tötung (§ 222 StGB) vorzuwerfen sein, dem Sportwagenfahrer Nötigung und Körperverletzung. (Sachbeschädigung am Unfallwagen scheidet als Straftat aus, da § 303 StGB Vorsatz voraussetzt.)
Im Sinne der didaktischen Reduktion sollte der Unterricht auf die Frage nach der Notwehr beschränkt werden (Aufgabe 4, Schülerband S. 36).
Zu § 240 StGB (Nötigung im Straßenverkehr): Eine Nötigung im Straßenverkehr liegt vor, wenn ein Verkehrsteilnehmer einen anderen mit Gewalt oder durch Drohung zu etwas zwingt, was der andere nicht will und was auch der Verkehrssituation nicht angemessen ist. Das dürfte auf die „wilde Verfolgungsjagd" zutreffen, die der Sportwagenfahrer offensichtlich als bedrohlich erlebt und zur Flucht veranlasst hat. Auch das Schneiden nach dem Überholmanöver ist Nötigung, wenn der Taxifahrer dadurch zu einem Bremsmanöver gezwungen wurde.
Zu § 222 StGB (fahrlässige Tötung): Den Taxifahrern hätte klar sein müssen, dass ihre „wilde Verfolgungsjagd" einen Unfall mit Gefahren für Leben und Gesundheit provozieren könnte. Die Taxifahrer haben somit die im Verkehr erforderliche Sorgfalt außer Acht gelassen und den Tod von drei Insassen fahrlässig verursacht.
Zu fragen ist, ob Notwehr (Nothilfe) das Verhalten der Taxifahrer rechtfertigt (siehe Lösungshinweise zu Aufgabe 4).
Zu M 2: Hier geht es um die Frage, ob Amtsanmaßung vorliegt (siehe Lösungshinweise zu Aufgabe 5).

Lösungshinweise zu den Aufgaben im Schülerband

Seite 36, Aufgabe 2:

Zum Beispiel: „Wer eines meiner Rinder stiehlt, wird gehängt." „Wer aus dem Great River Wasser zur Bewässerung von Feldern ableitet, wird mit der Zerstörung seines Hauses bestraft."

Seite 36, Aufgabe 3:

§ 1 Jeder darf das Wasser des Great River zur Bewässerung seines Acker- und Weidelands und als Viehtränke nutzen.

§ 2 Führt der Great River nicht genügend Wasser, wird das Wasser unter den Landeigentümern anteilig entsprechend der von ihnen genutzten Fläche aufgeteilt.

§ 3 Streitigkeiten über Aufteilung und Nutzung des Wassers werden durch das Wassergericht entschieden.

§ 4 (1) Farmer und Viehzüchter entsenden jeweils drei Mitglieder durch Wahl in das Wassergericht. Vorsitzender des Wassergerichts ist der Pfarrer.
(2) Jedes Mitglied des Gerichts hat eine Stimme. Das Gericht trifft seine Entscheidungen mit der Mehrheit der Stimmen seiner Mitglieder.

§ 5 (1) Wer dem Great River unberechtigt Wasser entnimmt oder wer mehr Wasser nutzt als ihm anteilmäßig zusteht, wird mit Geldstrafe bestraft. Im Wiederholungsfall kann die Wassernutzung für mindestens vier Wochen, höchstens aber ein Jahr, gekürzt werden.
(2) Der Versuch ist strafbar.

Seite 36, Aufgabe 4:

Zur Begriffsklärung: Notwehr zugunsten rechtswidrig angegriffener Dritter wird als Nothilfe bezeichnet.
Notwehr (Nothilfe) ist ein Rechtfertigungsgrund für eine tatbestandsmäßige Handlung.
Die Verfolgungsjagd des Sportwagenfahrers durch die Kollegen des tätlich angegriffenen Taxifahrers war keine Nothilfe, denn sie war nicht zur Abwehr des Angriffs erforderlich. Die Taxifahrer hätten per Funk die KFZ-Nummer des Sportwagenfahrers der Zentrale durchgeben können.
Die Klasse könnte die vorläufige Festnahme nach § 127, Abs.1, Satz 1 StPO, ebenfalls ein Rechtfertigungsgrund, diskutieren: „Wird jemand auf frischer Tat betroffen, so ist, wenn er der Flucht verdächtig ist oder seine Identität nicht sofort festgestellt werden kann, jedermann befugt, ihn auch ohne richterliche Anordnung festzunehmen.

Seite 37, Aufgabe 5:

Der Einzelne muss sich an den Staat wenden, um zu „seinem" Recht zu kommen. Nur der Staat ist berechtigt, die Beachtung von Recht und Gesetz notfalls mit Gewalt durchzusetzen. Dieses staatliche Gewaltmonopol soll die Selbstjustiz und den Kampf aller gegen alle verhindern und das friedliche Zusammenleben ermöglichen.
Von der Intention her berührt auch das Engagement der Guardian Angels das staatliche Gewaltmonopol.
Die Frage ist allerdings umstritten. In Berlin, der ersten deutschen Stadt, in der die Guardian Angels auftraten, vertrat der Jugendsenator die Ansicht, die Guardian Angels wollten tatsächlich nur durch ihre bloße Anwesenheit auf nächtlichen U-Bahn-Strecken passiv auf die Gewaltbereitschaft der Fahrgäste einwirken. Für die Berliner Verkehrsbetriebe (BVG) hingegen war ihr Auftreten eine Anmaßung hoheitlicher Aufgaben.

Diskutiert werden könnte § 132 StGB:
„Wer unbefugt sich mit der Ausübung eines öffentlichen Amtes befasst oder eine Handlung vornimmt, welche nur kraft eines öffentlichen Amtes vorgenommen werden darf, wird mit Freiheitsstrafe bis zu zwei Jahren oder Geldstrafe bestraft."

Bei § 132 StGB ist zu prüfen:
- Geben die Guardian Angels sich als Amtsinhaber aus? Dafür gibt es keine Hinweise. Auch das Tragen einer uniformähnlichen Kleidung ist unerheblich, wenn keine Amtszeichen daran befestigt sind.
- Nehmen die Guardian Angels Handlungen vor, die nur eine hierzu befugte Amtsperson vornehmen darf, z. B. Durchsuchung. Auch hierfür gibt es keine Anhaltspunkte.

Der Versuch einer Amtsanmaßung, der aus der Intention, dem Training usw. abgeleitet werden könnte, ist nicht strafbar.

Seite 37, Aufgabe 6:

Das Recht soll den Einzelnen schützen.
- Jeder kann vor unabhängigen Gerichten gegen staatliche Maßnahmen klagen.
- Der Innenminister verbietet eine kritische Zeitung, die gerichtlich dagegen vorgeht.

Das Recht soll die privaten Rechtsbeziehungen regeln.
- Gesetze regeln z. B. Abschluss und Abwicklung von Verträgen.
- Müller will den Kaufvertrag über ein Motorrad rückgängig machen.

Das Recht soll den Frieden in der Gesellschaft sichern.
- Gesetze regeln die Austragung von Konflikten.
- Hinz hört sehr laut Musik; wütend stellt Kunz den Strom ab. Es kommt zum Rechtsstreit.

Das Recht soll die Gesellschaft gestalten.
- Gesetze sorgen z. B. für sozialen Ausgleich und Umweltschutz.
- Die Regierung will die Steuer auf Diesel ohne Rußfilter verdoppeln.

Seite 37, Aufgabe 7:

Die Gesetze Monroes müssten vor allem an folgenden Aufgaben des Rechts überprüft werden:
- Schutz des Einzelnen
- Regelung der privaten Rechtsbeziehungen
- Sicherung des gesellschaftlichen Friedens

Für den Taxifahrer kommen in Betracht:
- Schutz des Einzelnen
- Sicherung des gesellschaftlichen Friedens

2. „Gesetz ist Gesetz“ – aber auch immer Recht? (S. 38–39)

Mögliche Stundenstruktur

Phase	**Material**		**Methode/Sozialform**
	Schülerband	**Lehrerband**	
Einstieg	S. 39, Foto Volksgerichtshof	Arbeitsblatt „Gerichtssäle in der Bundesrepublik“	Bildvergleich
Erarbeitung	S. 38, M 1–M 2; S. 39, Aufgaben 1–3		Einzelarbeit, Unterrichtsgespräch
Problematisierung	S. 39, M 3 und M 4 S. 39, Aufgaben 4+5		Einzelarbeit, Unterrichtsgespräch
Anwendung	S. 39, Aufgabe 6		Einzelarbeit, Partnerarbeit, Unterrichtsgespräch, Diskussion
Sicherung		Lehrerinformation „Rechtsstaat hat mit Recht zu tun“	Einzelarbeit, Diskussion

Intention dieses Teilkapitels ist es, den Schülerinnen und Schülern die Bedeutung und den Wert von Rechtsstaatlichkeit zu vermitteln. Kerngedanke des Rechtsstaatsprinzips ist der Schutz des Einzelnen vor staatlichem Machtmissbrauch und staatlicher Willkürherrschaft.
Folgende Elemente kennzeichnen den Rechtsstaat: Rechtsgleichheit, Rechtsschutz, Rechtssicherheit, Grundrechtsgarantie (Grundrechte als unmittelbar geltendes Recht: Ihr Wesensgehalt ist unantastbar.), Gewaltenteilung, Bindung von Exekutive und Judikative an Gesetz und Recht, richterliche Unabhängigkeit.
Die den Rechtsstaat gewährleistenden Bestimmungen des Grundgesetzes sind in folgenden Artikeln enthalten: GG Art. 1, 3, 19 (4), 20 (2), 20 (3), 23 (17), 79 (3), 97, 101, 103.
Wert und Bedeutung des Rechtsstaates werden am ehesten vor dem Hintergrund der Erfahrung des nationalsozialistischen Unrechtsstaates begreifbar. Diese Überlegung bestimmte die Materialauswahl für dieses Teilkapitel. Wesentliche Elemente der NS-Ideologie sollten den Schülerinnen und Schülern

bekannt sein. Im Fach Geschichte ist die NS-Ideologie Anfang Klasse 9 zu behandeln. Es empfiehlt sich eine Absprache mit dem Fachlehrer für Geschichte.
In der Altersstufe (Klasse 9) kann es nicht um eine systematische und vertiefte Darstellung des Rechtsstaatsgedankens und seiner grundgesetzlichen Ausprägung gehen; das gehört in die S II (Kursstufe). Das Arbeitsblatt „Rechtsstaat hat mit Recht zu tun" fasst altersangemessen den Kerngehalt des grundgesetzlichen Rechtsstaatsverständnisses zusammen (vgl. Tafelbild Lehrerinformation).

Lösungshinweise zu den Aufgaben im Schülerband

Seite 39, Aufgabe 2:

Der Vorwurf der Sittenwidrigkeit nach § 138, BGB richtet sich gegen das Geschäft, nicht gegen die Person eines der Beteiligten.
Ein Geschäft kann seinem Inhalt nach sittenwidrig sein, z. B. eine Vereinbarung von zwei oder mehr Personen, Falschgeld herzustellen und in Umlauf zu bringen. Die Sittenwidrigkeit kann ferner in dessen Grund bzw. Zweck begründet sein, z. B. die Ehefrau kauft Schlaftabletten (nicht sittenwidrig), um den untreuen Ehemann zu töten (sittenwidriger Zweck). Der Kaufvertrag über die Kuh in M 1 ist weder nach seinem Inhalt noch nach seinem Grund und Zweck sittenwidrig. Es gibt auch keinen Hinweis, dass es sich um ein Wuchergeschäft nach § 138 (2) BGB handelt. Die Anwendung des § 138 BGB auf diesen Fall stellt eine Rechtsbeugung dar. Das Urteil widerspricht dem rechtsstaatlichen Grundsatz der Bindung der Rechtsprechung an das Gesetz (vgl. GG Art. 20, Abs. 3).
Das Urteil des Volksgerichtshofes in M 2 nimmt keinen Bezug auf ein Gesetz. Als gesetzliche Grundlage kam der § 5 der Kriegssonderstrafrechtsordnung (KSSVO) vom 17. August 1938 in Betracht (s. Arbeitsblatt 4). Auf der Grundlage der KSSVO wurden bis zum Kriegsende etwa 30 000 Verurteilungen wegen „Zersetzung der Wehrkraft" ausgesprochen. Der seit Anfang 1943 zuständige Volksgerichtshof verhängte in der Regel die Todesstrafe.

Seite 39, Aufgabe 3:

Grundgesetz	NS-Recht
Verbot der Todesstrafe	Todesstrafe für:
Recht auf Wehrdienstverweigerung	Kriegsdienstverweigerung
Recht auf freie Meinungsäußerung	Kritik an Hitler und seiner Politik

Seite 39, Aufgabe 4:

Beide Urteile folgen den NS-Leitsätzen, z. B.:
M 1: Z. 8–13 und M 3: Z. 1–6
M 2: Z. 17–21 und M 3: Z. 7
M 2: Z. 20 f. und M 3: Z. 7 f.
M 2: Z. 21–23 und M 3: Z. 6 f.
Die Einflüsse der NS-Weltanschauung sind unübersehbar: M 1: Antisemitismus, Volksgemeinschaft; M 2: Führerprinzip, Bedeutung des Kampfes.

Seite 39, Aufgabe 5:

Vor 1933 war Radbruch Verfechter des Rechtspositivismus; er hatte ein formales Rechtsstaatsverständnis: Recht war das vom Staat in einem verfassungsmäßig einwandfreien Verfahren, also formal korrekt gesetzte Recht, die staatlichen Gesetze. Eine inhaltliche materielle Prüfung der Gesetze war nicht vorgesehen. Die absolute Gültigkeit des positiven Rechts sollte Rechtssicherheit gewährleisten.
Nach 1945 vertrat Radbruch den materiellen Rechtsstaatsgedanken. Dazwischen lag die vor 1933 für unmöglich gehaltene Erfahrung, dass die staatlichen Gesetze in höchstem Maße Unrecht sein können. Radbruch erkennt jetzt an, dass sich die Gesetze inhaltlich an einem vorstaatlichen Recht messen lassen müssen. Die im Grundgesetz verankerte verfassungsrechtliche Normenkontrolle ist Ausdruck dieses Prinzips, ein Prinzip, das der Weimarer Reichsverfassung noch fremd war.

Lösungshinweise zum Arbeitsblatt

Zu Aufgabe 1:

Ein Parteisymbol (Hakenkreuz) an der Stirnwand des Gerichtssaals, Hitler-Büste (Hitler als oberster Gerichtsherr), Militärrichter.
Dazu im Vergleich: Abb. Arbeitsblatt: Staatssymbol (Wappen) an der Stirnwand des Gerichtssaales; kein Hinweis auf Parteilichkeit der Justiz.

M1 Gerichtssäle in der Bundesrepublik

Bundesverfassungsgericht

Staatsgerichtshof Baden-Württemberg

1 Vergleicht die beiden Bilder von Gerichtssälen in der Bundesrepublik mit der Aufnahme vom Volksgerichtshof, Schülerband S. 39.

M1 Tafelbild: Rechtsstaatlichkeit

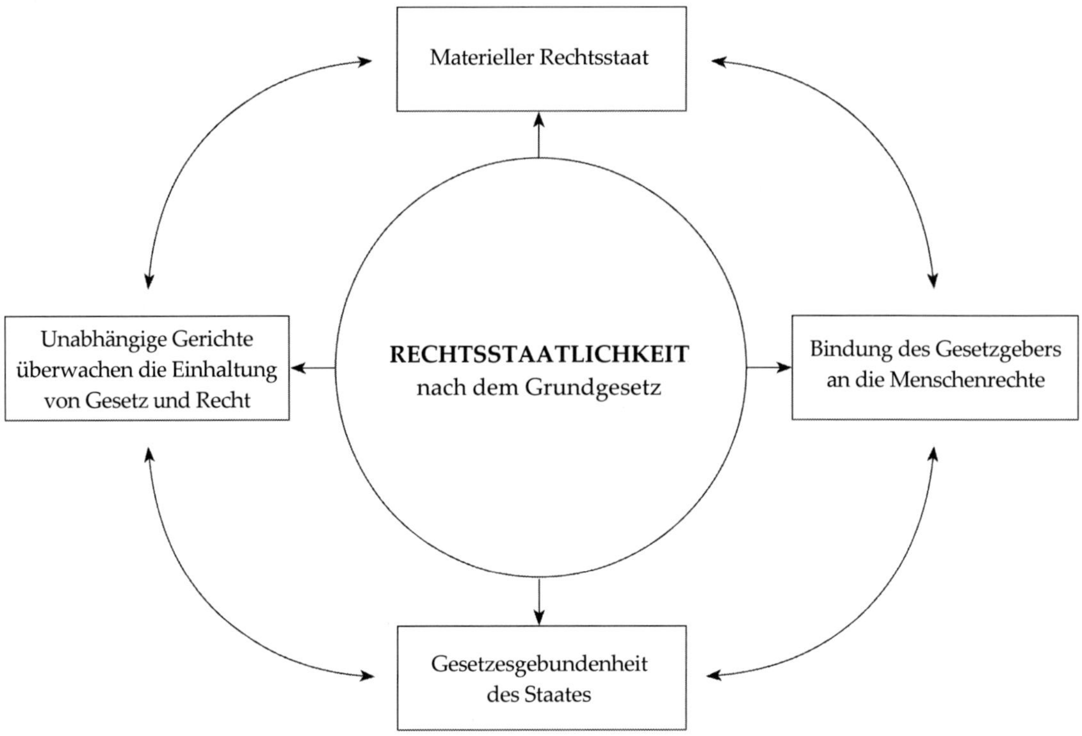

3. Ist der Rechtsstaat in Gefahr? (S. 40–41)

Mögliche Stundenstruktur

Phase	Material Schülerband	Methode/Sozialform
Einstieg	S. 40, M 1 S. 41, Aufgabe 1	Einzelarbeit, Unterrichtsgespräch
Erarbeitung	S. 41, Aufgabe 2	Einzelarbeit, Unterrichtsgespräch
Problematisierung	S. 41, M 2 S. 41, Aufgaben 3–4	Gruppenarbeit, Pro-und-Kontra-Debatte

In der Stunde sollen die Schülerinnen und Schüler mit der aktuellen Diskussion um die Zukunft des Rechtsstaates konfrontiert werden. Angestoßen wurde die Diskussion durch die Androhung der Folter im Fall Jakob Metzler. Vor dem Hintergrund des internationalen Terrorismus und der organisierten Kriminalität hat die Frage nach der Aufweichung des Folterverbots über diesen spektakulären Einzelfall hinaus inzwischen grundsätzliche Bedeutung erlangt.
Der Fall Jakob von Metzler eignet sich als altersangemessener Einstieg in die Problematik. Die Materialauswahl des Schulbuchs stellt die Diskussion um das Folterverbot in den Mittelpunkt, der Fall des entführten und ermordeten Jungen wird deshalb nicht weiter thematisiert.
Bei Aufgabe 2 kommt es vor allem darauf an, dass die Schülerinnen und Schüler die Anordnung des Polizeivizepräsidenten Daschner, dem mutmaßlichen Täter „nie erlebte Schmerzen" anzudrohen als Androhung der Folter erkennen. Sie sollen wissen, dass die Folter eine schwerwiegende Menschenrechtsverletzung darstellt, die von der internationalen Staatengemeinschaft als Verstoß gegen die Menschenwürde verurteilt wird und nach internationalem Recht unter allen Umständen verboten ist (Arbeitsblatt „Rechtsstaatliche Grundlagen des Folterverbots"). Auf die strafrechtliche Argumentation des Gerichts muss im Unterricht nicht detailliert eingegangen werden.

4. Das Recht hat viele Seiten … (S. 42–43)

Mögliche Stundenstruktur

Phase	Material Schülerband	Methode/Sozialform
Einstieg	S. 42, M 1 S. 43, Aufgabe 1	Unterrichtsgespräch
Zuordnung	S. 43, Tabelle S. 43, Aufgabe 2	Einzelarbeit, Unterrichtsgespräch
Erarbeitung	S. 43, M 2 S. 43, Aufgabe 3	Einzelarbeit, Unterrichtsgespräch

In dieser Stunde sollen die Schülerinnen und Schüler einen Überblick über die Rechtsordnung gewinnen; insbesondere sollen sie lernen, öffentliches und privates Recht zu unterscheiden. Es ist eine Unterrichtsstunde zu veranschlagen, die auch vor die Rechtsstaatsthematik gestellt werden kann. Im Mittelpunkt der Stunde stehen ein alltäglicher Verkehrsunfall und dessen zahlreiche Rechtsfolgen.

Lösungshinweise zu den Aufgaben im Schülerband

Seite 43, Aufgabe 1:

Arndt kann Forderungen erheben wegen:

- Verdienstausfall (wenn selbstständig tätig; ggf. Differenz Lohn – Krankengeld)
- Schmerzensgeld
- Krankheitskosten (z. B. eine mögliche Selbstbeteiligung im Falle privater Krankenversicherungen)
- KFZ-Reparatur
- Wertminderung (Unfallwagen)
- Ersatzwagen
- evtl. Anwaltskosten
- evtl. Gerichtskosten, falls keine außergerichtliche Einigung möglich ist.

Die Krankenkasse des Arndt hat Anspruch auf Ersatz der Kosten für Krankentransport, für stationäre und ambulante Heilbehandlung und ggf. für Krankengeldleistungen an Arndt.
Ein möglicher Arbeitgeber des Arndt kann ggf. seine Aufwendungen für Lohnfortzahlung im Krankheitsfall geltend machen.
Adressat all dieser Forderungen ist die KFZ-Haftpflicht-Versicherung des Schnell. Diese wird versuchen, dem Arndt wegen plötzlichen Abbremsens eine Mitschuld anzulasten und den Schnell in Regress zu nehmen wegen grober Fahrlässigkeit (Fahren bei Übermüdung; Fahren mit völlig abgefahrenen Reifen, falls der dadurch verlängerte Bremsweg ursächlich für den Auffahrunfall war).
Von staatlichen Behörden sind folgende Maßnahmen zu erwarten:
Polizeiliche Ermittlung des Sachverhaltes (Unfallaufnahme vor Ort, Zeugenbefragung), Strafbefehl oder Strafverfahren vor Gericht, Vorladung zum Verkehrsunterricht

Seite 43, Aufgabe 2:

Die Ansprüche, der an der Schadensregulierung Beteiligten, sind dem Privat- oder Zivilrecht zuzuordnen, die Strafsache und die Anordnung zur Teilnahme am Verkehrsunterricht dem Öffentlichen Recht; letztere könnte bei Ablehnung des Widerspruchs zu einer Klage des Schnell vor einem Verwaltungsgericht führen.

5. Wäre ich doch endlich erwachsen! (S. 44–45)

Mögliche Stundenstruktur

Phase	Material Schülerband	Methode/Sozialform
Einstieg	Kapitelüberschrift	Impuls, Einzelarbeit, Unterrichtsgespräch
Erarbeitung I/ Problematisierung	S. 44, M 1, S. 45, M 2–M 4, S. 45, Aufgaben 1–5	Einzelarbeit, Recherche, Unterrichtsgespräch
Weiterführung/ Problematisierung	S. 45, Aufgabe 6	Recherche, Diskussion

Die Rechtsfähigkeit des Menschen beginnt mit der Vollendung seiner Geburt (§ 1 BGB). Im weiteren Verlauf seines Lebens wächst der junge Mensch dann stufenweise in die Rechtsordnung hinein. Schritt für Schritt erweitern sich seine Rechte, Pflichten und Verantwortlichkeiten; parallel dazu verringern sich die Befugnisse und Pflichten der Erziehungsberechtigten. Besonders wichtige Stationen sind das 7. und das 14. Lebensjahr.
In den Teilkapiteln 5 und 6 geht es um diese Fragen. Für beide Teilkapitel ist jeweils eine Unterrichtsstunde anzusetzen. In der ersten Stunde sollen sich die Schülerinnen und Schüler einen Überblick über die Entwicklung ihrer Rechtsstellung als Kinder bzw. Jugendliche verschaffen und dabei erkennen, dass mit der Erweiterung ihrer gesetzlichen Rechte auch die Verantwortung vor dem Gesetz wächst.
„Wäre ich doch endlich erwachsen!" – Die Überschrift des Teilkapitels, als Impuls an die Tafel geschrieben, könnte mit der Aufforderung an die Schülerinnen und Schüler verbunden werden, spontan aufzuschreiben, welche Rechte sie sich mit der Volljährigkeit besonders herbeisehnen. Unter dem Stichwort „Mit 18 Jahren kann ich endlich ..." können einige Freiwillige ihre Vorstellungen an die Tafel

schreiben. In einem anschließenden Unterrichtsgespräch können diese ggf. unter Oberbegriffen zusammengefasst werden. In einem weiteren Schritt könnte man die Klasse auffordern, über mögliche Pflichten und Verantwortlichkeiten, die die Volljährigkeit mit sich bringt, nachzudenken.
Der nächste Unterrichtsschritt führt zurück in die eigene Realität als Minderjährige. Die Materialien 1 und 2, S. 44 f. machen, für viele wahrscheinlich überraschend, deutlich, dass selbst Kinder unter Umständen für eigenes Fehlverhalten zivilrechtlich geradestehen müssen.

Lösungshinweise zu den Aufgaben im Schülerband

Seite 45, Aufgabe 2: Zivilrechtlich sind die beiden Jungen bedingt deliktfähig und müssen daher unter bestimmten Voraussetzungen (s. Aufgabe 3) für den gesamten Schaden haften. Im Falle einer Verurteilung zur Leistung von Schadensersatz haften die beiden Jungen gesamtschuldnerisch, d. h. jeder von ihnen muss für den vollen Schaden einstehen. Eine Verjährung tritt erst nach 30 Jahren ein. Eine eventuell bestehende Familienhaftpflichtversicherung übernimmt den Schaden nicht, da die beiden Jungen vorsätzlich gehandelt haben. Ungeachtet des Schildes „Betreten der Baustelle verboten. Eltern haften für ihre Kinder." haften die Eltern nur, wenn ihnen Fahrlässigkeit vorzuwerfen ist, in diesem Fall, wenn sie fahrlässig ihre Aufsichtspflicht vernachlässigt haben. Dann würde auch eine Familienhaftpflichtversicherung für den Schaden eintreten.
Strafrechtlich hat die Brandstiftung keine Konsequenzen, da beide Jungen zur Zeit der Tat noch strafunmündig waren.

Seite 45, Aufgabe 3: Das Gericht muss prüfen, ob die Jungen das Unerlaubte ihrer Handlung erkennen konnten und ob ihnen bewusst war, dass sie für ihr Tun einstehen müssen.

Seite 45, Aufgabe 4: Marc ist mit 16 als Minderjähriger in der Geschäftsfähigkeit beschränkt. Er konnte das Geldgeschenk der Großmutter zwar wirksam annehmen, da es ihm, wie § 107 BGB formuliert, lediglich einen rechtlichen Vorteil bringt. Da die Großmutter aber nicht erziehungsberechtigt ist, konnte sie ihrem Enkel das Geld ohne Zustimmung der Eltern nicht zur freien Verfügung überlassen (§ 110 BGB). Die 50 € sind also für Marc kein Taschengeld, mit dem er tun und lassen kann, was er will. Die Eltern können verlangen, dass der Verkäufer das Computerspiel zurücknimmt. Es ist unerheblich, dass es für Jugendliche ab 16 freigegeben ist. Die Eltern können von Marc auch verlangen, dass er das Geld für den geplanten Sprachkurs in England verwendet.

6. Elterliche Sorge: immer zum Wohl des Kindes? (S. 46–47)

Mögliche Stundenstruktur

Phase	Material Schülerband	Methode/Sozialform
Einstieg	S. 47, Karikatur S. 47, Aufgaben 1+2	Unterrichtsgespräch
Weiterführung/ Problematisierung/	S. 47, Aufgabe 3	Diskussion
Erarbeitung I	S. 46, M 1 S. 47, Aufgabe 4	Gruppenarbeit, arbeitsteilig
Präsentation Erarbeitung II	S. 47, Aufgabe 5 S. 47, M 2 S. 47, Aufgabe 6	Rollenspiel; Gruppenarbeit, arbeitsteilig
Problematisierung	S. 47, Aufgabe 7	Diskussion

Immer wieder kommt es vor, dass sich zwischen den Erziehungsvorstellungen der Eltern und den Zielen, Wünschen und Interessen ihrer Kinder unüberbrückbare Gegensätze auftun, weil keine der beiden Seiten von ihrer Position abrücken will. Was dann? Die Eltern haben das Recht und die Pflicht, ihre minderjährigen Kinder zu erziehen und für sie zu sorgen. Sie sollen, so will es das Gesetz, dabei stets das Wohl des Kindes im Auge behalten und sich davon in ihren Entscheidungen leiten lassen. Doch wer bestimmt, was zum Wohl des Kindes ist? In dieser Stunde sollen sich die Schülerinnen und Schüler mit dieser Konfliktsituation auseinandersetzen.

Lösungshinweise zu den Aufgaben im Schülerband

Seite 47, Aufgabe 6:

Eltern: Artikel 6, Abs. 3 GG
§ 1626, Abs. 1 BGB; § 1627 BGB; § 1631, Abs. 1 BGB
Anna: § 1626, Abs. 2 BGB, § 1627 BGB; § 1631, Abs. 2 BGB

Seite 47, Aufgabe 7:

§ 1626 BGB spricht von der „elterlichen Sorge", nicht mehr wie früher von der „elterlichen Gewalt". Es soll deutlich werden, dass das in Artikel 6, Abs. 2 GG als Grundrecht ausgestaltete Elternrecht ein Sorge- und Erziehungsrecht darstellt. Das Bundesverfassungsgericht hat daher das Elternrecht auch als „Elternverantwortung" bezeichnet. Das Kind bedarf des Schutzes und der Hilfe, um sich zu einer eigenverantwortlichen Persönlichkeit innerhalb der sozialen Gemeinschaft zu entwickeln. Das Kind ist Träger von Grundrechten und hat insbesondere einen Anspruch auf Achtung seiner Menschenwürde (Art. 1, Abs. 1 GG) und ein Recht auf freie Entfaltung seiner Persönlichkeit (Art. 2, Abs. 1 GG). Das Elternrecht darf daher nicht als Gewaltverhältnis, sondern muss als Sorgeverhältnis – bei Betonung des Pflichtcharakters – begriffen werden.
Eine sehr detaillierte Erläuterung mit zahlreichen Beispielen zum Begriff der elterlichen Sorge findet sich bei Hans Schleicher, „Die verschiedenen Arten der elterlichen Sorge", unter: *www.familienhandbuch.de/cmain/fachbeitrag/a_Rechtsfragen/s_585.html* (22.10.2013)

7. Jugend auf der schiefen Bahn? (S. 48–49)

Mögliche Stundenstruktur

Phase	Material		Methode/Sozialform
	Schülerband	**Lehrerband**	
Einstieg	M 1, S. 48, Infotext S. 48, linke Spalte	Arbeitsblatt „Schlagzeilen"	spontane Schüleräußerungen, Diskussion
Erarbeitung	Aufgaben 1–2, S. 49; Aufgabe 3, S. 49		Textanalyse, Rollenspiel, Wandzeitung erstellen
Problematisierung/ Sicherung	Infotext, S. 48 und S. 56; M 2–M 5, S. 49, Aufgabe 4, S. 49		Statistiken auswerten, Zeitungsbericht verfassen

Die Kriminalitätsentwicklung wird vor allem aus der Polizeilichen Kriminalstatistik hergeleitet, der zeitlich und sachlich tatnächsten Quelle. Sie erfasst mit den Tatverdächtigen nur die angezeigten und bearbeiteten Fälle. Was nicht angezeigt wird, bleibt im „Dunkelfeld". Die Strafverfolgungsstatistik, die die Verurteilungen nach dem rechtskräftigen Abschluss der Strafverfahren widerspiegelt, ist u. a. wegen der oft langen Zeitspanne zwischen Tat und rechtskräftiger Verurteilung weniger aussagekräftig; Näheres dazu bei Hans-Jürgen Kerner, „Bürger im Staat", 1/2003.
Nach der Polizeilichen Kriminalstatistik ist der Anteil der 14- bis 21-Jährigen an den Tatverdächtigen mehr als doppelt so hoch wie ihr Anteil an der Bevölkerung. Überwiegend handelt es sich um männliche Jugendliche und Heranwachsende. Bei der Jugendkriminalität spielt der Diebstahl, vor allem der Ladendiebstahl eine besondere Rolle. Auffällig ist die sehr starke Zunahme der registrierten Fälle von Gewaltkriminalität, insbesondere schwerer und gefährlicher Körperverletzungen (Schülerband, S. 56 M 1).
Eine besondere Gruppe unter den jugendlichen Straftätern bilden die Intensivtäter. Der Begriff bezeichnet Mehrfach- und Wiederholungstäter, die in einem begrenzten Zeitabschnitt mehrfach kriminell in Erscheinung treten. Intensivtäter unterscheiden sich von den sogenannten intermittierenden, d. h. nur gelegentlich deliktisch handelnden Rückfalltätern durch eine besonders hohe Sozialgefährlichkeit aufgrund von Art, Schwere und Häufigkeit der verübten Straftaten. Bisher gibt es weder eine verbindliche bzw. allgemein anerkannte Definition sowie einheitliche Kriterien zur Eingrenzung des Begriffs „Intensivtäter" (nach: Kriminologie-Lexikon ONLINE, *www.krimlex.de*). Das Bayerische Landeskriminalamt ordnet von den 14 bis 25-jährigen Straftätern rund zehn Prozent als Intensivtäter ein. Sie sind für ca. 50 Prozent der von dieser Altersgruppe begangenen Straftaten verantwortlich.

M1 Schlagzeilen

Drei Jungen nach Serie von Straftaten gestellt

Fahnder haben am Ackerweg im Stadtteil Neugraben drei Jugendliche festgenommen, die offenbar zahlreiche Straftaten begangen hatten. Ein 15-Jähriger hatte ein gestohlenes Autoradio dabei.

Tankstellenraub

Für 500 Euro Beute das Leben verpfuscht!

Jugendliche Tankstellenräuber werden immer dreister.

Geständnisse im Mordprozess:

„Wir müssen ihn abstechen“

Vier Jugendliche haben vor Gericht gestanden, im Januar einen 27 Jahre alten Mann umgebracht zu haben.

1 Was denkt ihr: Berichten die Schlagzeilen von spektakulären Einzelfällen oder bezeugen sie eine deutliche Bereitschaft von Kindern und Jugendlichen zu kriminellem Verhalten?

Der Einstieg in das Problem der Jugendkriminalität kann entweder über einige Schlagzeilen erfolgen (Arbeitsblatt „Schlagzeilen“). Man könnte der Klasse die Frage vorlegen: „Was denkt ihr: Handelt es sich bei den Schlagzeilen nur um Einzelfälle oder zeigen sie eine deutliche Bereitschaft von Kindern und Jugendlichen zu kriminellem Verhalten an?“ Alternativ könnte mit Aufgabe 3, Satz 1 (Schülerband, S. 49) eingestiegen werden, wenn die Klasse frühzeitig mit dem Sammeln von Informationen beauftragt wurde.
Im Unterrichtsgespräch müsste auch der ubiquitäre und episodenhafte Charakter der meisten jugendlichen Rechtsverstöße angesprochen werden. Der Fall Heiko Fricke (M 1, S. 48) macht deutlich, dass aus jugendlichen Mutproben oder jugendlicher Anpassungsbereitschaft schnell mehr werden kann.

8. Strafe muss sein! – Muss Strafe sein? (S. 50–53)

Mögliche Stundenstruktur

Phase	Material Schülerband	Methode/Sozialform
Einstieg/Erarbeitung	M 1, S, 50; Aufgaben 1–3, S. 51	Textanalyse, Diskussion, Unterrichtsgespräch
Weiterführung	M 2, S. 50; Aufgabe 4, S. 51	Partnerarbeit, Unterrichtsgespräch
Problematisierung	M 3–5, S. 51, Aufgaben 5–6, S. 51	Analyse unterschiedlicher Medien, Unterrichtsgespräch, Diskussion
Gerichtsbesuch	Methodenseite 54 f.	Gruppenarbeit, Unterrichtsgespräch

Das Jugendstrafrecht findet Anwendung bei jungen Tätern, die zur Tatzeit das 14., aber nicht das 18. Lebensjahr vollendet haben. Gesetzliche Grundlage ist das Jugendgerichtgesetz (JGG).
Das Jugendstrafrecht ist Täterstrafrecht. Nicht die Tat, sondern die umfassend gewürdigte Persönlichkeit des Täters steht im Vordergrund. Es ist in erster Linie Erziehungsstrafrecht, zum einen, weil bei den Tätern aufgrund ihres Alters häufig das Unrechtsbewusstsein fehlt, zum anderen, weil ihre Persönlichkeit noch formbar ist. Das Jugendgerichtsgesetz setzt daher zunächst auf Erziehungsmittel, nämlich auf „Erziehungsmaßregeln“ wie Ermahnungen, gemeinnützige Arbeit oder Therapien, dann auf „Zuchtmittel“ wie verschiedene Formen des Jugendarrestes. Erst als letzte Möglichkeit, im Falle von Wiederholungs- oder von schweren Straftaten ist Freiheitsstrafe vorgesehen. Anders als im Allgemeinen Strafrecht (Erwachsenenstrafrecht) wird im Jugendstrafrecht auch die Höhe der Freiheitsstrafe nicht in erster Linie nach der Schuld des Täters bemessen. Es ist ein weit verbreitetes Missverständnis, dass die Anwendung des Jugendstrafrechts generell zu milderen Strafen führt. Der Erziehungsgedanke kann es durchaus gebieten, im Einzelfall den jugendlichen Täter zu einer längeren Freiheitsstrafe zu verurteilen, als ihm bei Anwendung des Erwachsenenstrafrechts gedroht hätte, etwa um zu gewährleisten, dass er eine Berufsausbildung zu Ende bringt.
Die Grafik auf S. 52 zeigt den Ablauf einer Hauptverhandlung nach Erwachsenenstrafrecht; es fehlt ein Vertreter der Jugendgerichtshilfe (vgl. Abb. auf S. 53); auch im Instanzenweg gibt es Unterschiede zwischen Erwachsenen- und Jugendgerichtsbarkeit.

Lösungshinweise zu den Aufgaben im Schülerband

Seite 51, Aufgabe 2:
Als Voraussetzungen wird neben dem Alter die Fähigkeit genannt, das Unrecht der Tat einzusehen und entsprechend dieser Einsicht zu handeln (vgl. dazu § 1 JGG).
Bislang war Max strafrechtlich unauffällig. Als flankierende Maßnahme wird ein sozialer Trainingskurs angeraten.

Seite 51, Aufgabe 3:
Die Verurteilung zu 70 Stunden unentgeltlichem gemeinnützigen Dienst ist Sühne für das begangene Unrecht. Der soziale Trainingskurs hat erzieherischen Charakter.

Seite 51, Aufgabe 4: Denkbar wäre, ihm den Umgang mit seinen ehemaligen Kumpeln zu verbieten und ihm einen Erziehungsbeistand zur Seite zu stellen. Ferner könnte er zur Wiedergutmachung des den bestohlenen Geschäften zugefügten Schadens verpflichtet werden. Die Klasse sollte darüber nachdenken, warum das Gericht davon Abstand genommen hat.

Seite 51, Aufgabe 6: Die Richterin nennt folgende Strafmotive: Sühne des begangenen Unrechts, Abschreckung zukünftiger Straftäter, Resozialisierung. Im Jugendstrafrecht darf der Abschreckungsgedanke keine Rolle spielen. In seinem Mittelpunkt steht der Erziehungsgedanke.

9. Geht es auch ohne Gericht? (S. 54–55)

Mögliche Stundenstruktur

Phase	Material Schülerband	Methode/Sozialform
Einstieg	S. 54, Foto	Bildimpuls
Erarbeitung	S. 54, M 2	Einzelarbeit, Unterrichtsgespräch
Anwendung	S. 54, M 1 S. 55, Methode	Rollenspiel
Problematisierung	S. 55, Aufgaben 2+3	Unterrichtsgespräch
Transfer	S. 55, Aufgabe 4	Unterrichtsgespräch

Der Täter-Opfer-Ausgleich wurde seit dem 1. Dezember 1990 im Jugendstrafrecht und seit dem 1. Dezember 1994 im Allgemeinen Strafrecht gesetzlich ermöglicht.
Am 21. März 2005 hat das Bundesjustizministerium einen Bericht vorgelegt, der zeigt, dass sich der TOA bewährt hat, vor allem für den Bereich der leichten und mittleren Kriminalität und daher aus dem heutigen strafrechtlichen Sanktionssystem nicht mehr wegzudenken ist.
Dem Bericht zufolge waren durchschnittlich etwa zwei Drittel der Geschädigten, die von den Ausgleichsstellen angeschrieben wurden, bereit, sich mit dem Beschuldigten an einen Tisch zu setzen. Am häufigsten wurden Ausgleichsversuche bei Körperverletzungen unternommen. Diese Delikte machten im Jahr 2002 knapp 50 Prozent aller Täter-Opfer-Ausgleichsfälle aus. Die Studie zeigte weiter, dass der TOA überwiegend durch die Staats- und Amtsanwaltschaften im Ermittlungsverfahren angeregt wurde: Von ihnen ging im Jahr 2002 in 80 Prozent aller Täter-Opfer-Ausgleichsfälle die Initiative aus.

Lösungshinweise zu den Aufgaben im Schülerband

Seite 55, Aufgabe 2: Erheblicher erzieherischer Wert: Der jugendliche Täter kann, gerade weil ihm die Begegnung mit seinem Opfer eher unangenehm sein dürfte, diesem glaubwürdig zeigen, dass er bereit ist,
- sich der Tat zu stellen,
- für seine Tat geradezustehen
- den angerichteten Schaden wiedergutzumachen

Seite 55, Aufgabe 3: Jugendgerichte werden nicht überflüssig, z. B.
- weil sich nicht jede Straftat für einen TOA eignet, etwa Tötungsdelikte oder wenn es, wie im Fall Max Fricke, eine Vielzahl von Geschädigten gibt.
- wegen der Schwere der Tat nur ein von einem Gericht auszusprechender Freiheitsentzug als Sühne geboten ist,
- weil nicht jeder Geschädigte zu einem TOA bereit ist.

10. Jugendliche Gewalttäter – immer brutaler? (S. 56–59)

Mögliche Stundenstruktur

Phase	Material Schülerband	Methode/Sozialform
Einstieg	M 2, S. 57, Aufgaben 1–3, S. 56	Einzelarbeit, Unterrichtsgespräch
Weiterführung	Info und M 1, S. 56, Aufgabe 4, S. 56	Diskussion
Erarbeitung/ Problematisierung	M 3, S. 58; Aufgaben 1+2, S. 58	Einzelarbeit (Textanalyse), Unterrichtsgespräch
Weiterführung I	Aufgabe 3, S. 58	Recherche
Weiterführung II/ Problematisierung	M 4–M 6, S. 59, Aufgaben 5+6, S. 59	Interpretation, Recherche, Unterrichtsgespräch

Die Thematisierung der Gewaltbereitschaft Jugendlicher verführt immer wieder zur Panikmache. Der Unterricht sollte dieser Gefahr nicht erliegen, sondern eine differenzierende Betrachtung dieses Problems anstreben. Es soll daher noch einmal ganz deutlich daran erinnert werden, dass die Polizeiliche Kriminalstatistik (PKS) junge Menschen ganz überwiegend wegen Bagatelldelikten registriert (Kap. 7, Schülerband S. 48 f.). Schwerwiegende und professionell begangene Rechtsgutsverletzungen sind typischerweise Erwachsenenkriminalität. Auch die Tatsache, dass lange Zeit (bis 2008) die in der PKS registrierten Fälle von „gefährlicher Körperverletzung" (§ 224 StGB) und „schwerer Körperverletzung" (§ 226 StGB) durch Jugendliche (bis 18) und Heranwachsende (18- unter 21) zugenommen hat (M 1, Schülerband S. 56), wird von Kriminologen relativiert (Infotext, Schülerband S. 56, 2. Absatz). Ergänzend ist anzumerken, dass der Anteil von „schwerer Körperverletzung" mit schwerwiegenden Folgen gemäß § 226 StGB im Jahr 2011 bei Jugendlichen und Heranwachsenden unter 0,5 Prozent dieser Fallgruppe der PKS lag. Andererseits sollte diese Relativierung nicht zu einer Verharmlosung des Problems führen.
Gewaltbereit sind überdurchschnittlich Jugendliche,

- die selbst Gewalt erlebt und gelernt haben,
- die gelernt haben, Gewalt zu rechtfertigen,
- die in unserem Bildungssystem auf der Strecke bleiben,
- die von Armut und Perspektivlosigkeit betroffen sind.

Als Einstieg in die Stunde eignet sich M 2, S. 57 „Ein ganz normaler Monat". Die Chronik vermittelt, was schon ein Expertenbericht für die Innenministerkonferenz im Oktober 2007 so beschrieb: „Tatort ist vor allem der öffentliche Raum. Wer Opfer wird, bestimmt der Zufall – meist sind es Gleichaltrige. Das Schlagen, Treten und Stechen geschieht spontan [...] und wird durch Banalitäten ausgelöst."
Im Mittelpunkt der Stunde steht der Fall Dominik Brunner, der eine Schwarz-Weiß-Malerei kaum zulässt und überdies weiterführende Frage nach einem zivilcouragierten Verhalten aufwirft.

Lösungshinweise zu den Aufgaben im Schülerband

Seite 58, Aufgabe 1:

Tatumstände:

- Alkoholeinfluss
- Widerstand der Jüngeren
- Tätlichkeit Brunners

Lebensumstände/Persönlichkeitsmerkmale:

- Familienverhältnisse schwierig (Markus) bzw. zerrüttet (Sebastian)
- in der Kindheit multipel chronisch krank (Sebastian)
- geringe schulische Erfolge (Markus) bzw. schulisches Versagen (Sebastian)
- kriminelles Umfeld (Markus)
- eigene kriminelle Vergangenheit (Markus)
- Perspektivlosigkeit (Markus)
- keine Bezugspersonen (beide)
- Heimaufenthalt (Sebastian)
- Drogenkonsum (Sebastian)

Seite 58, Aufgabe 2: Brunner galt vielen als Held. Der damalige Bundespräsident Köhler hat ihn für sein zivilcouragiertes Verhalten drei Wochen nach der Tat posthum mit dem Bundesverdienstkreuz geehrt. Das harte Urteil wurde als wichtiges und starkes Signal zur Abschreckung gewertet. Kritik wurde insbesondere an dem Strafmaß für Sebastian geäußert, der nach anfänglicher Unterstützung seines Kumpels diesen schließlich von weiteren Gewaltattacken abhalten wollte.
Hinweise zu dieser Aufgabe:
www.spiegel.de/panorama/justiz/urteil-im-brunner-prozess-mit-aller-haerte-a-716008.html
Für die juristische Seite:
www.lto.de/recht/hintergruende/h/strafverfahren-wegen-des-todes-von-dominik-brunner-zumindest-auch-ein-abschreckungssignal/

Seite 59, Aufgabe 5: Brunner greift aktiv zugunsten der bedrohten Schüler ein. Er nimmt dabei in Kauf, selbst zu Schaden zu kommen. Er unterscheidet sich damit positiv von den „Bystandern“, die nur untätig zuschauen. Dass er durch sein Eingreifen möglicherweise zur Eskalation der Auseinandersetzung beigetragen hat, kann den Wert seines zivilcouragierten Verhaltens nicht schmälern, wohl aber gibt die Eskalation Anlass, über ein situationsgerechteres Verhalten nachzudenken.

11. Jugendstrafe! – Wird alles noch schlimmer? (S. 60–63)

Mögliche Stundenstruktur

Phase	Material Schülerband	Methode/Sozialform
Einstieg	Info-Text und M 1, S. 60	Recherche, Debatte
Erarbeitung	M 2, S. 61–63 Aufgaben 1–3, S. 63	Einzelarbeit, Unterrichtsgespräch
Problematisierung	Aufgabe 4, S. 63	Unterrichtsgespräch, Diskussion

Drei Tage vor Weihnachten 2007: Ein 17-jähriger Grieche und ein 20-jähriger Türke schlagen in einer Münchner U-Bahn einen pensionierten Lehrer zusammen, treten brutal auf ihn ein und beschimpfen ihn als „Scheißdeutschen“. Er hatte die beiden zuvor, während der U-Bahn-Fahrt, gebeten das Rauchen einzustellen. Der Überfall wurde von einer Überwachungskamera aufgezeichnet, das Video während der Weihnachtstage in den Nachrichtensendungen wiederholt ausgestrahlt. Im Juli 2008 wurden die Täter zu achteinhalb und zwölf Jahren Haft verurteilt.
Die Vorgänge in München lösten eine heftige Debatte über die Frage aus, wie sich die Gesellschaft besser vor jugendlichen Gewalttätern schützen kann. Konservative Politiker und die Bild-Zeitung forderten eine Verschärfung des Strafrechts für Jugendliche und insbesondere für Heranwachsende. Der damalige hessische Ministerpräsident Roland Koch brachte die Herabsetzung des Strafalters, also das Strafrecht für Kinder, ins Gespräch und fokussierte im Übrigen die Diskussion auf die Ausländerkriminalität. In München nutzte wenige Wochen nach der Tat der CSU-Kandidat für das Amt des Oberbürgermeisters Josef Schmid ein von der Überwachungskamera aufgenommenes Bild zu Wahlkampfzwecken (S. 60, M 1), das zum Einstieg in die Debatte um eine Verschärfung des Jugendstrafrechts verwendet werden kann. Alternativ bietet sich der Bild-Artikel „Killer von München – Warum sperren wir so ein Pack nicht für immer weg?“, Titel von Bild am 15. 9. 2009 (*www.bild.de*) an. Während beim ersten Vorschlag die Zusammenhänge kurz erläutert werden müssten, entfällt dies bei der Alternative, da dieser Einstieg sich auf den Fall Dominik Brunner bezieht.

Lösungshinweise zu den Aufgaben im Schülerband

Seite 63, Aufgabe 1: Gavin Jones [5 Jahre und 6 Monate Haft wegen schwerer Körperverletzung].
- in den ersten Wochen in Plötzensee: kann nicht arbeiten, nicht schlafen, bricht Lehre als Koch ab
- sucht Gespräch mit dem Psychologen
- später: fragt nach dem Sinn des Lebens, wird religiös (Übertritt zum Islam)

- Schulbesuch mit dem Ziel: Realschulabschluss
- sieht sich selbst als „resozialisiert“
- aber: Rückfälligkeit im Freigang (Drogenkonsum)
- erneut geschlossener Vollzug
- fühlt sich unfair behandelt, fängt sich dann aber wieder, erneuter Freigang

Daniel Koch [6 Jahre Haft wegen Totschlags]
- Einsamkeit der U-Haft (U-Haft ist prinzipiell Einzelhaft, Einschlusszeit täglich 23 Stunden, Besuch maximal 2 Stunden im Monat)
- die Tat holt ihn in seinen Träumen ein
- Knastalltag in Plötzensee, Tischlerlehre, ab 16/17 Uhr Einschluss, kein Fernseher, allein in der Zelle, Zeit zum Grübeln und Nachdenken
- keine Freunde, jeder ist für sich allein
- Machtspiele (Mithäftlingen werden gedemütigt und verprügelt, um zu beweisen, dass man selbst kein Opfer ist) bringen für Daniel Koch 1 Jahr Haftverlängerung
- findet aber, der Knast habe ihn verändert und will nach seiner Entlassung den Kontakt zu Mithäftlingen abbrechen wegen schlechter Einflüsse

Mehmet Kemal [7 Jahre Haft wegen Totschlags; nach zwei Dritteln der Haftzeit vorzeitig entlassen]
- sehnt sich sieben Jahre nach Haftentlassung manchmal nach Zelle 221 zurück (Angst vor Eigenverantwortung, Angst vor Fehlern)
- findet trotz in der Haft abgeschlossener Ausbildung als ehemaliger Häftling nur Gelegenheitsjobs
- Engagement im Anti-Aggressionstraining für Problem-Jugendliche
- will Erzieher werden

Seite 63, Aufgabe 2:
- ein Psychologe für 17 Häftlinge der Mord- und Totschlagstation von Plötzensee
- Gefangene erleben ihn fast täglich, ist also eine Art Bezugsperson für diese
- Einzel- und Gruppengespräche
- arbeitet daraufhin, dass Häftlinge eine Perspektive für ihr künftiges Leben entwickeln
- geringe Rückfälligkeit der Häftlinge dieser Station

Seite 63, Aufgabe 3:
- wie in anderen Jugendhaftanstalten auch: Schulabschluss, Erlernen eines Ausbildungsberufs
- entscheidend dürfte die Grundeinstellung des Leiters der Haftanstalt sein, der an dem Erziehungsgedanken festhält – anders als seine Kollegen von anderen Jugendhaftanstalten

Kompetent? (S. 64–65)

Mögliche Stundenstruktur

Phase	Material Schülerband	Methode/Sozialform
Einstieg	Grundgesetzartikel, Rechtsstaatsprinzipien, S. 64	Einzelarbeit, Unterrichtsgespräch
Erarbeitung	Aufgabe 1, S. 65	Einzelarbeit
Problematisierung	Aufgaben 2+3, S. 65	Einzelarbeit, Unterrichtsgespräch
Weiterführung	Aufgabe 4, S. 65	Interpretation, Text verfassen

Die KOMPETENT?-Doppelseite bietet anhand der Zuordnung der Rechtsstaatsprinzipien und der in Eigenarbeit zu formulierenden Stellungnahme die Möglichkeit des Rückgriffs auf die in der Einheit behandelten Problematiken (siehe Lösungshinweise). Durch die Karikaturenanalyse problematisieren die Schülerinnen und Schüler handlungsorientiert und mit dem Ziel einer geschärften Urteilskompetenz die kritisierten Missstände.

Lösungshinweise zu den Aufgaben im Schülerband

Seite 65, Aufgabe 1:

- Art. 1, Abs. 1: Rechts- und Gesetzesbindung
- Art. 1, Abs. 3: Rechts- und Gesetzesbindung, Gewaltenteilung
- Art. 3, Abs. 1: Rechtsgleichheit
- Art. 19, Abs.1: Wesensgehaltsgarantie
- Art. 19, Abs. 4: Rechts- und Gesetzesbindung, Rechtsschutz
- Art. 20, Abs. 2: Gewaltenteilung
- Art. 20, Abs. 3: Recht- und Gesetzesbindung
- Art. 79, Abs. 3: Unabänderlichkeit der Grundsätze u. a. von Art. 1 GG („Ewigkeitsgarantie")
- Art. 93, Abs. 1, Nr. 4a: Verfassungsgerichtsbarkeit

Seite 65, Aufgabe 2:

vgl. Infotext zu Kap. 3, S. 40

Seite 65, Aufgabe 3:

1, c: Kinder unter 14 sind nicht strafmündig
2, a: Für 17-Jährige gilt uneingeschränkt das Jugendstrafrecht, das eine Freiheitsstrafe von höchstens zehn Jahren vorsieht; erst Heranwachsende (18- bis unter 21) können unter bestimmten Voraussetzungen zu 15 Jahren Freiheitsstrafe verurteilt werden (vgl. M2, S. 50)

Seite 65, Aufgabe 4:

vgl. Infotext zu Kap. 10, S. 56

Demokratie in Deutschland

Vorbemerkungen zur Unterrichtseinheit

In der achten Klasse des achtjährigen Gymnasiums liegt der Schwerpunkt der Behandlung von politischen Themen im kommunalen Bereich. In der neunten Klasse geht es nun vornehmlich um Aspekte der politischen Willensbildung auf Bundesebene. Dabei werden grundlegende Fragen zur Gestaltung der demokratischen Ordnung behandelt: Wie werden gesellschaftliche Konflikte und Probleme, d. h. politische Fragen gelöst? Wer entscheidet letztlich bei Streitfällen: der Souverän selbst oder vom Volk gewählte Vertreter? Wie werden diese Fragen in der Bundesrepublik Deutschland entschieden, wie in anderen Ländern? Gibt es für Deutschland Reformvorschläge und wenn ja, wie sind die Realisierungschancen zu beurteilen?
Zunächst werden anhand eines Rollenspiels das Vorhandensein unterschiedlicher Interessen in der Gesellschaft sowie die Wege, diese Interessen und daraus resultierende Konflikte auszuhandeln, thematisiert. Im Anschluss daran befassen sich die Schülerinnen und Schüler mit dem Inhalt und der Bedeutung von Grundrechten als dem Rahmen für die Lösung bzw. den Ausgleich solcher Interessenkonflikte – und als der verfassungsmäßigen Grundlage der in den folgenden Kapiteln angesprochenen Facetten des demokratischen Systems in der Bundesrepublik.
Zum Einstieg in diesen Themenbereich lernen die Schülerinnen und Schüler die zwei grundlegenden Formen der Demokratie kennen: die plebiszitäre und die parlamentarisch-repräsentative Demokratie. Ausführlicher als in Band 1 werden dabei gesellschaftliche Einflussfaktoren auf die politischen Meinungs-, Willensbildungs- und Entscheidungsprozesse hervorgehoben, z. B. die Funktionen von Bürgerinitiativen, Verbänden und insbesondere von Parteien im politischen System der Bundesrepublik Deutschland.
Das Bundestagswahlrecht bildet einen weiteren Schwerpunkt. Die Schülerinnen und Schüler setzen sich dabei auch mit den Folgen dieses Wahlsystems für den Wahlkampf, die Regierungsbildung, die Parteienstruktur sowie die politische Stabilität auseinander.
Daran anschließend werden die einzelnen Verfassungsorgane und ihre Aufgaben näher betrachtet: von Bundestag und Bundesrat über die Bundesregierung und den Bundespräsidenten bis hin zum Bundesverfassungsgericht als „oberstem Hüter“ des Grundgesetzes. Im Zusammenhang damit soll auch eigens die Frage behandelt werden, wie der politische Entscheidungsprozess in Berlin abläuft: Wie werden Bundesgesetze auf den Weg gebracht und schließlich verabschiedet? Welche Rolle spielen die daran beteiligten politischen Institutionen und die in ihnen agierenden Politikerinnen und Politiker? Wodurch werden der politischen Gestaltungsmöglichkeit Grenzen gesetzt?
Nachdem durch die Aufdeckung der NSU- Mordserie deutlich wurde, dass Rechtsextremismus nach wie vor in Deutschland ein aktuelles Problem ist, haben wir ihm ebenfalls ein eigenes Kapitel gewidmet.
Ein wichtiger Aspekt ist schließlich die Frage nach der Kontrolle bzw. dem Missbrauch der Macht, wie sie in der Gewaltenteilungslehre problematisiert wird. Dabei wird auch auf das Thema „Unterschiede zwischen Verfassungsnorm und Verfassungsrealität“ eingegangen.

Für die Kapitel 12–13, 15–16 bieten wir zwei unterschiedliche Herangehensweisen an: eine stärker lehrerzentrierte und eine andere, die mehr Schüleraktivitäten vorsieht. Genaueres finden Sie bei den betreffenden Stundenstrukturen.

Literaturhinweise

Andersen, Uwe/Woyke, Wichard (Hrsg.): *Handwörterbuch des politischen Systems der Bundesrepublik Deutschland*, 7. Aufl., Opladen 2012
Bundeszentrale für politische Bildung (Hrsg.): *Informationen zur politischen Bildung: Parlamentarische Demokratie*, Heft 295, Bonn 2007
Detjen, Joachim: *Die Werteordnung des Grundgesetzes*, Wiesbaden 2009
Hesselberger, Dieter: *Das Grundgesetz. Kommentar für die politische Bildung*, 12., überarbeitete Aufl., Bonn 2001
Rudzio, Wolfgang: *Das politische System der Bundesrepublik Deutschland*, 6. Aufl., Opladen 2003
Schmidt, Manfred G.: *Das politischen System Deutschlands*, Bonn 2007 (Lizenzausgabe für die Bundeszentrale für politische Bildung)

Spiel/Bastelbogen

Landeszentrale für politische Bildung Baden-Württemberg (Hrsg. und Vertrieb): *„Capisso". Politik umschreiben und verstehen*
Das Spiel enthält Spielkarten mit wichtigen Begriffen zur politischen Bildung und funktioniert wie das Spiel „Tabu". Es eignet sich sehr gut für Wiederholungs- oder Vertretungsstunden oder letzte Stunden vor Ferien.
Landeszentrale für politische Bildung Baden-Württemberg (Hrsg.): *Die Mächtigen der Republik, Teil I: Politik* (Bastellbogen); Bestellungen unter: *www.lpb-bw.de/machs-klar.html* (Zugriff vom 27. 5. 2013)

Links im Internet

Bundestag:
www.bundestag.de
Bundesregierung:
www.bundesregierung.de
Bundeskanzler/-in:
www.bundeskanzlerin.de (oder: *www.bundeskanzler.de*)
Bundesrat:
www.bundesrat.de
Bundespräsident:
www.bundespraesident.de
Bundesverfassungsgericht:
www.bundesverfassungsgericht.de
Grundgesetz online:
www.gesetze-im-internet.de/gg/index.html
Mitmischen.de – Das Jugendportal des Deutschen Bundestages:
www.mitmischen.de

Filmtipps

GG 19
Regie: Harald Siebler; Länge: 149 Min.; Deutschland 2008
Episodenfilm; Deutschland 2007; 19 Kurzfilme von 19 Regisseuren setzen sich mit den 19 Grundrechten auseinander.

Das Grundgesetz
Länge: ca. 20 Min.; Deutschland 2012
Jede Demokratie funktioniert anders. Diese Reihe zeigt die Besonderheiten der deutschen Demokratie vom Grundgesetz über Föderalismus und Subsidiaritätsprinzip bis hin zum Wahlsystem. Aktuelle politische Entscheidungen werden im Kontext allgemeiner Staatsprinzipien und vor dem Hintergrund der historischen Wurzeln der deutschen Demokratie verstehbar.

Demokratie für alle?
Bundeszentrale für politische Bildung, 2008

Die bpb hat 2008 eine DVD-Edition herausgebracht, bestehend aus fünf DVDs unter dem Titel „Demokratie für alle?". Die Edition enthält 10 Dokumentarfilme und 13 Kurzfilme von unabhängigen Filmemachern und -macherinnen, die an Beispielen aus 19 Ländern den Umgang mit Demokratie beleuchten. Enthalten sind u. a. Meinungen von berühmten oder weniger berühmten Menschen zu Fragestellungen wie „Wer regiert die Welt?" oder „Sind Frauen demokratischer als Männer?". Auf der DVD „Amerika" befindet sich die Kurzfassung des 2008 mit einem Oscar ausgezeichneten Dokumentarfilms „Taxi zur Hölle" von Alex Gibney. Die DVD-Edition kann gegen eine Bereitstellungspauschale bei der Bundeszentrale für politische Bildung bezogen werden.

Lernwege

Querverweise	Inhalt	Handlungsorientierte Methoden
	0. Auftaktseite	
	1. Mein Liegestuhl gehört mir ...	Rollenspiel
	2. Grundrechte – nur schöne Worte?	binnendifferenzierte Aufgaben; Gruppenarbeit
	3. Demokratie – Herrschaft des Volkes	binnendifferenzierte Aufgabe; Fishbowl-Diskussion; Abstimmung
	4. Politik – nein danke!?	Umfrage; Kurzreferat: Das (politische) Thema der Woche
	5. Bürgerinitiativen – Bürgerbeteiligung auf Zeit?	Recherche (Lehrerband)
	6. Verbände – Einzelinteressen vor Gemeinwohl?	Recherche
	7. Parteien – Mittlerinnen zwischen Bürger und Staat?	binnendifferenzierte Aufgaben; Recherchen
	8. Warum wählen?	Streitgespräch; Recherche, Arbeit mit dem Wahl-O-Mat; Projekt: Wahlkampf und Wahlprognose
	9. Wie wird der Deutsche Bundestag gewählt?	
	10. Welche Stimme ist wichtiger?	
	11. Kanzlerwahl und Regierungsbildung	Schaubild zeichnen
	12. Der Bundestag – Macht und Ohnmacht	Recherche
	13. Der Bundesrat – verlängerter Arm der Landesregierungen?	Diskussion „Entscheide dich!"
	14. Wie entsteht ein Gesetz?	Rollenspiel (Lehrerband)
	15. Die Bundesregierung – wer hat das Sagen?	Recherche; Karikatur zeichnen
	16. Der Bundespräsident – mächtig nur durch die Macht des Wortes?	binnendifferenzierte Aufgabe; Pro-Kontra-Debatte
	Alternatives Vorgehen für die Kapitel 12–13, 15–16	*Gruppenarbeiten*
	17. Das Bundesverfassungsgericht – Hüter der Verfassung	Pro-Kontra-Debatte
Herausforderung Integration, S. 26 f.	18. Extremismus – Gefahr für die Demokratie	Recherche
Die Aufgaben der Medien in der Demokratie, S. 126 f.	19. Gewaltenteilung – warum eigentlich?	binnendifferenzierte Aufgabe; Schaubild zeichnen
	KOMPETENT?	Mindmap; Podiumsdiskussion

1. Mein Liegestuhl gehört mir ... (S. 68–69)

Mögliche Stundenstruktur

Phase	Material		Methode/Sozialform
	Schülerband	Lehrerband	
Einstieg	Foto, S. 68		Unterrichtsgespräch
Erarbeitung	M 1, S. 68 und Methode, S. 69: Vorbereitung und Spiel		Unterrichtsgespräch; Spiel
Problematisierung/ Weiterführung	Methode, S. 69: Auswertung	Arbeitsblatt „Politikzyklus“	Unterrichtsgespräch; Folie/Tafel

Mögliche Variante

Phase	Material		Methode/Sozialform
	Schülerband	Lehrerband	
Einstieg	M 1		Lehrervortrag bis Zeile 34; Unterrichtsgespräch
Erarbeitung/ Problematisierung	Methode, S. 69: Auswertung		Unterrichtsgespräch
Weiterführung		Arbeitsblatt „Politikzyklus“	Unterrichtsgespräch; Folie/Tafel

In jeder Gesellschaft gibt es Konflikte, sei es um Macht, knappe Güter etc. Gegenstand der Politikwissenschaft ist die Analyse von Verteilungskämpfen. Im Gemeinschaftskundeunterricht geht es daneben auch um das Vermitteln von Normen, gemäß derer sie in demokratischen Gesellschaften ausgetragen werden sollten. Zu ermitteln ist daher, nach welchen Spielregeln die Akteure handeln. Gibt es z. B. Mehrheitsentscheidungen und einen Minderheitenschutz, gelten obrigkeitsstaatliche Entscheidungen oder wird Gewalt angewendet? All dies kann in dem vorgeschlagenen Rollenspiel ausprobiert und durch die anschließende Auswertung (Vorschlag siehe Schülerband, S. 69) kritisch beurteilt werden. Besonders die Fragen nach der Legitimation möglicher Streitschlichter/innen (z. B. des Kapitäns der „Hellas“) sowie nach den Teilhabemöglichkeiten der Einzelnen leiten zum Thema Demokratie über. Wichtig ist, dass das Spiel einschließlich der Vorbereitung nicht länger als höchstens 15 Minuten dauert, damit genug Zeit für die Analyse bleibt.

Falls Sie das Rollenspiel nicht einsetzen wollen, können Sie – wie in der eher zeitsparenden Variante vorgeschlagen – die Geschichte selbst bis zur Zeile 34 vorlesen; die Klasse sollte währenddessen das Buch geschlossen lassen. Die Schülerinnen und Schüler werden dann aufgefordert, die Geschichte selber weiterzuerzählen und nach Lösungen zu suchen. Die Auswertung der Überlegungen sollte sich jedoch auch hier an den Vorschlägen des Schülerbandes (Methode Rollenspiel, S. 69) orientieren. Bei beiden Vorgehensweisen wird die Auftaktseite – anders als in den übrigen Einheiten – nicht für die Einstiegsstunde genutzt. Wir schlagen stattdessen vor, sie für das Einführen in das 3. Kapitel (Schülerband, S. 74–78) zu verwenden (siehe hierzu die Stundenstruktur zu Kapitel 3).

Zur Verallgemeinerung der gewonnenen Erkenntnisse wird für beide Stundenvorschläge empfohlen, nach der Auswertung der Klasse den Politikzyklus (Arbeitsblatt) nach Peter Massing vorzustellen, um zu verdeutlichen, dass Politik ein ständiger Prozess ist, der mithilfe dieses Instruments analysiert werden kann. Zunächst sollten die Schlüsselfragen (siehe Arbeitsblatt) auf das Spiel angewendet und die Schülerinnen und Schüler aufgefordert werden, den Politikzyklus auch auf andere Problemsituationen anzuwenden, um dann zu überprüfen, ob er ihnen hilft, politische Prozesse besser verstehen und einordnen zu können.

M1 Politikzyklus

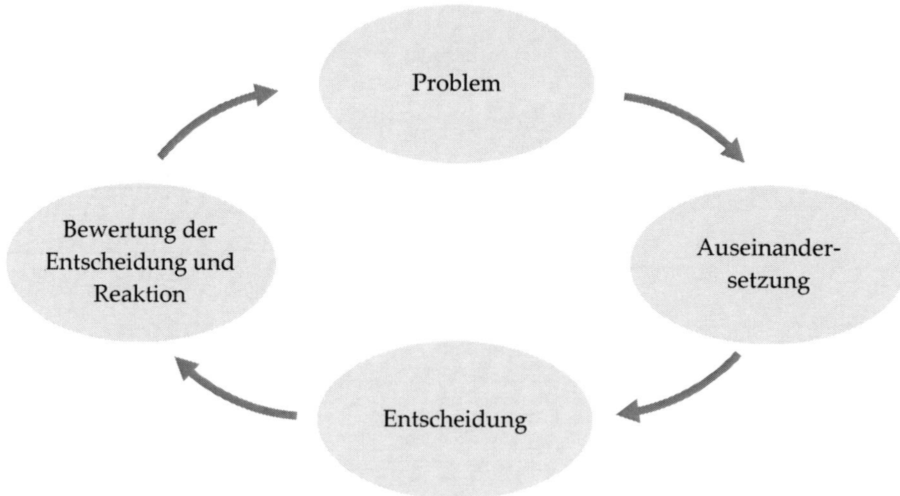

Fragen, um die vier Kategorien „aufzuschließen":

Problem:

Worin besteht das Problem?
Welche Aufgabe hat die Politik zu lösen?

Auseinandersetzung:

Wie verläuft die Auseinandersetzung?

- Wer sind die Beteiligten, die Akteure?
- Welche Strategien zur Durchsetzung von Interessen wurden entwickelt?
- Wann und worüber kam es zum Konflikt oder zu Verhandlungen?
- Wann und worüber wurden Kompromisse erzielt?

Was wirkt auf die Auseinandersetzung ein?

- Welche Interessen haben die Akteure?
- Wie sind die Machtverhältnisse?
- Wer hat welche Durchsetzungschancen?
- Welche Lösungsentwürfe werden diskutiert?

Entscheidung:

Zu welchen Ergebnissen hat die Auseinandersetzung geführt?

- Was sind die inhaltlichen Hauptbestandteile der Entscheidung?
- Ist ein Kompromiss erkennbar?

Bewertung:

Wie werden die Entscheidung und ihre Ergebnisse bewertet?

- Welche individuellen oder kollektiven Erfahrungen gehen in die Bewertung ein?
- Von wessen Interessen wird die Bewertung geprägt?

Reaktion und neues Problem:

Welche Reaktionen führen zu neuen Problemen?

- Individuelle Reaktionen (z. B. Wahlentscheidung, Schwarzarbeit, Abwanderung) und kollektive Reaktionen (etwa Streiks, Demonstrationen, Parteigründung, Verfassungsbeschwerde) auf die Entscheidung?

Peter Massing: „Politik als Prozess der Problemverarbeitung" – Arbeitsbegriff und Analysemodell für den Politikunterricht II, in: Methodik zu WOCHENSCHAU-Themenheft, Nr. 2–3, Schwalbach/Ts. 1994

1 Versucht, die Schlüsselfragen auf euer Spiel anzuwenden und zu beantworten.
2 Überlegt euch weitere Problemsituationen und versucht, die Fragen zu beantworten.

Lösungshinweise zu den Aufgaben im Schülerband

Seite 69, Aufgabe 1:

Charakterisierung der Reisenden aus Kreta: Sie sind zunächst entspannt und gehen freundlich, großzügig miteinander um, da Liegestühle im Überfluss vorhanden sind. Als sich das Angebot verknappt, zeigen sie jedoch ein durchaus besitzstandsbewusstes Verhalten und zur Verteidigung ihrer „erworbenen Rechte" bereit, notfalls auch unter Androhung von Gewalt; Ausbilden eines Wir-Gefühls unter dieser Gruppe, Abgrenzen von den Neuankömmlingen; Alter: unbestimmt, wahrscheinlich gemischt.
Charakterisierung der Reisenden aus Santorin: schnelles Ausprägen eines Wir-Gefühls, Abgrenzen von den „Alteingesessenen"; aber: Respekt vor den Ansprüchen anderer, jedoch darauf bedacht, selbst Ansprüche geltend machen zu können und ihre Interessen dann auch durchzusetzen, notfalls unter Androhung von Gewalt; Alter: unbestimmt, wahrscheinlich gemischt;
Charakterisierung der Rucksacktouristen: jung, wenig Geld, selbstbewusst, bereit, Konventionen zu brechen und Ansprüche, die aus dem „Gewohnheitsrecht" resultieren, nicht zu akzeptieren und ihre Interessen auch gewaltsam durchzusetzen.

Wichtig bei dieser Aufgabe ist es, den Begriff „Interesse" deutlich zu benennen.

2. Grundrechte – nur schöne Worte? (S. 70–73)

Mögliche Stundenstruktur

Erste Stunde

Phase	Material Schülerband	Methode/Sozialform
Einstieg	Aufgabe 1, S. 71	Rollenspiel
Erarbeitung/ Problematisierung	Infotext, S. 70; Aufgabe 2, S. 71	Unterrichtsgespräch
Sicherung	M 1, S. 70; Aufgabe 3, S. 71	Unterrichtsgespräch
Vertiefung	M 4, S. 70; Aufgabe 1, S. 71	binnendifferenzierte Hausaufgabe

Zweite Stunde

Phase	Material Schülerband	Methode/Sozialform
Einstieg	M 2, S. 71; Aufgabe 4, S. 71	Unterrichtsgespräch
Sicherung	M 3, S. 72; Aufgabe 1, S. 73	besprechen der binnendifferenzierten Hausaufgabe
Erarbeitung	M 1, S. 70; Aufgabe 3, S. 71	binnendifferenzierte Einzelarbeit
Problematisierung	Aufgabe 4, S. 73	Unterrichtsgespräch

Lösungshinweise zu den Aufgaben im Schülerband

Seite 71, Aufgabe 2:

Bedeutung der Grundrechte:
- höchste Rechtsgrundsätze des Staates
- unmittelbar geltendes Recht

Inhalte:
- Garantie der Menschenwürde als oberster Wert
- Schutzrechte des Einzelnen
- Abwehrrechte gegen staatliche Eingriffe

Man unterteilt sie weiter:
- Menschenrechte → gelten für *alle Menschen*
- Bürgerrechte → gelten nur für *deutsche Staatsbürger/innen*

Seite 71, Aufgabe 3:

Diese Aufgabe ist produktiv, weil sie zur genauen Lektüre des Grundgesetzes zwingt und zur differenzierten Auseinandersetzung herausfordert. Wichtig ist es u. a., auf die Unterscheidung zwischen Menschen- und Bürgerrechten zu achten.

Seite 71, Aufgabe 4:

Die Äußerungen von Rebecca betreffen Inhalte, die in Artikel 1 und 2 thematisiert werden. Die Aussage von Marc findet sich so nicht im Grundgesetz, sie wäre aber als Grundrecht vorstellbar, auch wenn sich hier die Frage nach der Umsetzbarkeit stellt. Sebastians eher hedonistischer Wunsch könnte wohl kaum realisiert werden, weil er mit anderen Basisrechten im Widerspruch stehen würde.

Seite 73, Aufgabe 1:

1. Das Verhalten beider Kontrahenten ist mit Artikel 1,1 nicht zu vereinbaren. In Artikel 2,2 ist „körperliche Unversehrtheit" garantiert; sie könnte durch die Ohrfeige infrage gestellt worden sein.
2. Nach Artikel 14,3 kann eine Enteignung zum „Wohle der Allgemeinheit" verfügt werden. Allerdings muss der Enteignete entschädigt werden, wenn auch nicht nach dem aktuellen Verkehrswert des Grundstückes.
3. Laut Artikel 4,1 steht jedem die Religionsfreiheit zu. Zudem haben nach Artikel 7,2 nur die Erziehungsberechtigten das Recht, „über die Teilnahme des Kindes am Religionsunterricht zu bestimmen". Der Direktor muss sich also eine andere Lösung überlegen, um der Aufsichtspflicht zu genügen.
4. Artikel 10,1 gilt auch für Internatszöglinge. Die Einschränkungen, die Artikel 10,2 (1) vorsieht, dürfen nur durch ein Gesetz erfolgen und zielen nur auf Tatverdächtige, nicht auf Internatsschüler.
5. Diese Forderung widerspricht Artikel 2,2: „Jeder hat das Recht auf Leben".
6. Artikel 11,2 garantiert allen Deutschen die Freizügigkeit, d. h. das Recht, sich an jedem Ort innerhalb des Bundesgebietes aufzuhalten oder zu wohnen. Voraussetzung ist die deutsche Staatsbürgerschaft. Im vorliegenden Fall kann davon ausgegangen werden, dass Friedrich S. sie hat, obwohl dies im Schulbuch nicht explizit erwähnt wird. Artikel 2,2 zielt auf die körperliche Bewegungsfreiheit und schützt vor ungerechtfertigten Festnahmen, Verhaftungen und Unterbringungen. Dieser Artikel kann in diesem Zusammenhang zwar genannt werden, der relevante aber ist Artikel 11,2.
7. Artikel 3,2 (1) konkretisiert den allgemeinen Gleichheitsgrundsatz (3,1); ergänzt wird er durch Absatz 2, Satz 2. Dieser wurde 1994 eingefügt, weil erkannt worden war, dass die rechtliche Gleichheit die faktische Gleichheit nicht automatisch bewirkt. Er normiert ein Staatsziel, durch das die staatlichen Organe verpflichtet werden, Maßnahmen für die „tatsächliche Durchsetzung der Gleichberechtigung von Frauen und Männern" zu ergreifen. Eine Möglichkeit sind Frauenquoten. Im „Gesetz zur Durchsetzung der Gleichstellung von Frauen und Männern" vom 30.11.2001, das für die Bundesverwaltung und für die Gerichte des Bundes gilt, wird in § 8 die Bevorzugung von Frauen bei gleicher Qualifikation wie der männliche Mitbewerber nahegelegt, wenn sie in einem Arbeitsbereich unterrepräsentiert sind.
8. Der EuGH verweist jedoch darauf, dass eine automatische Bevorzugung von Frauen gegen das Diskriminierungsverbot verstoße. (Vgl. zur gesamten Problematik: Dieter Hesselberger: *Das Grundgesetz. Kommentar für die politische Bildung*, 12., überarbeitete Aufl., Bonn 2001, S. 85.) Da im vorliegenden Fall von einem konkreten Einzelfall, also nicht von einem Automatismus ausgegangen werden kann, ist das geschilderte Vorgehen rechtens.

Seite 73, Aufgabe 2:

Fall 1:
Artikel 1, Absatz 1 wird aufgrund der „grob unhygienischen und widerlichen Haftraumbedingungen“ verletzt, die sich durch die beschmierten Wände, die fehlende Trennung von Wohn-/Schlafraum und Toilette und einer mangelhaften Belüftung zeigen. Beschwerden von Gefangenen werden von den Gerichten nicht ernstgenommen.

Fall 2:
Der Autor dieses Falls, Fredrik Roggan, Professor für Straf- und Strafrechtsverfahren, sieht hier vor allem einen Angriff auf die Versammlungsfreiheit, Artikel 8, aber auch auf Artikel 10, weil Nutzerdaten von sämtlichen Mobilfunknutzern/innen abgefragt wurden, die sich während dieser Demonstration in einem bestimmten Bereich aufgehalten haben. Dies sei unverhältnismäßig und rechtswidrig.

Fall 3:
Gegen den Sozialstaatsgedanken, Artikel 20, Absatz 1, verstößt das Verhalten der Krankenkasse, weil das Krankenhausaus ihrer Sicht Frau X die Krankenhausbehandlung hätte verweigern müssen. Das hieße, dass bestimmte Risikogruppen keinen Anspruch auf ärztliche Versorgung hätten, sondern nur noch das Recht zum Sterben in einem Hospiz.

3. Demokratie – Herrschaft des Volkes? (S. 74–78)

Mögliche Stundenstruktur

Erste Stunde

Phase	Material Schülerband	Methode/Sozialform
Einstieg	M 1, S. 74; Aufgabe 1, S. 74; Auftaktseite 66/67; Abb. S. 74 oben und unten links	Unterrichtsgespräch; Folie/Tafel
Verallgemeinerung/ Sicherung	M 2, S. 75; Aufgabe 3, S. 75	Unterrichtsgespräch; Folie/Tafel
Problematisierung	M 3 und 4, S. 75; Aufgabe 4, S. 75	Unterrichtsgespräch; Folie/Tafel

Zweite Stunde

Phase	Material Schülerband	Methode/Sozialform
Erarbeitung	M 5 und 6, S. 76; Aufgaben 1 und 2, S. 77	Unterrichtsgespräch; Folie/Tafel
Problematisierung	M 7, S. 77; Aufgabe 3, S. 77	Unterrichtsgespräch

Dritte Stunde

Phase	Material Schülerband	Methode/Sozialform
Vertiefung	Methode, S.78	Fishbowl-Diskussion
Problematisierung	Aufgabe 2, S.78	Unterrichtsgespräch

Die Aufgabe 1, S. 74 könnte mit folgender Aufgabenstellung verbunden werden: Formuliert die Abstimmungsfrage zur Mineralölsteuererhöhung nach dem Vorbild der Schweiz auf einem Stimmzettel und diskutiert, wie das Ergebnis in der Schweiz bzw. in Deutschland aussehen könnte. Alternativ bzw. ergänzend könnte z. B. die Frage nach einer Stromsteuersenkung aufgenommen werden: Überlegt, ob in Deutschland gegen die Entscheidung des Bundestages für die Erhöhung der Mineralsteuer (bzw. für eine Senkung der Stromsteuer) eine Großdemonstration (siehe Auftaktseite 66/67) stattfinden würde und ob sie etwas bewirken könnte.

Die begriffliche Sicherung der beiden Demokratie-Grundformen könnte mithilfe von M2, S. 75 erfolgen; ihre Problematisierung lässt sich an den historischen Aussagen in M3 und M4, S. 75 exemplarisch durchführen und zugleich mit der Frage verknüpfen, ob die Argumente der Staatsphilosophen des 18. Jahrhunderts auch heute noch Gültigkeit besitzen. Damit wäre eine Überleitung zu M6 („Mehr Demokratie wagen?") und M7 („Nach Schweizer Vorbild?") und zur Fishbowl-Diskussion (S. 78, Aufgabe 1) gegeben.
Die Abstimmung in der Klasse (S. 78, Aufgabe 2) könnte das Kapitel abschließen. Ein Kompromiss könnte z. B. darin bestehen, dass nur über wesentliche politische Grundentscheidungen auf Bundesebene Volksabstimmungen durchgeführt werden (z. B. wären die Einführung des Euro und der Ausstieg aus der Atomenergie solche Themen gewesen oder aktueller die Einführung von Autobahngebühren für alle Benutzer).

Lösungshinweise zu den Aufgaben im Schülerband

Seite 74, Aufgabe 1:

Die Mehrheit der vom Volk gewählten Abgeordneten des Deutschen Bundestages und die Bundesregierung beschließen das Gesetz zur Mineralölsteuererhöhung.
Die Mehrheit des Schweizer Parlamentes und die Schweizer Regierung beschließen die Erhöhung der Mineralölsteuer. Doch dieses Gesetz kann von den Bürgerinnen und Bürgern der Schweiz durch 50 000 Unterschriften einer Volksabstimmung unterzogen werden. Letztlich entscheidet also das Volk selbst über seine Gesetze (Volksentscheid = Plebiszit).

Seite 75, Aufgabe 3:

Indirekte oder repräsentative Demokratie: „Herrschaft durch gewählte Vertreter (= Repräsentanten) des Volkes": Die Zustimmung des Volkes (= Legitimation) erfolgt bei den Wahlen. Die gewählten Abgeordneten haben ein freies Mandat, d. h. sie sind nicht an Aufträge und Weisungen der Wähler gebunden und nur ihrem Gewissen verantwortlich.
Direkte oder plebiszitäre Demokratie: „Herrschaft durch das Volk selbst": Die Abgeordneten und die Regierung sind an die Ergebnisse der einzelnen Volksabstimmungen gebunden (= imperatives Mandat).

Seite 75, Aufgabe 4:

Charles de Montesquieu befürwortet die repräsentative Form der Demokratie, weil in einem großen Flächenstaat mit vielen Wahlberechtigten nur Abgeordnete in der Lage sind, Verhandlungen zu führen und aufgrund ihrer Erfahrungen und ihres Verhandlungsgeschicks sinnvolle Kompromisse zu schließen.
Jean-Jacques Rousseau sieht in Abgeordneten nur Bevollmächtigte („Postboten des Volkes") und nicht Vertreter des Volkes. Nur was das Volk selbst beschlossen hat, kann Gesetz sein. In der repräsentativen Demokratie sei das Volk nur bei den Wahlen frei, die übrige Zeit lebe es in Knechtschaft.

Seite 77, Aufgabe 1:

Für Volksentscheide auf Bundesebene braucht man keine Verfassungsänderung. Artikel 20 GG beinhaltet mehr als nur Abstimmungen über Länderneugliederungen, wie Artikel 29 GG nahe zu legen scheint. Notwendig ist allerdings der politische Wille, ein entsprechendes Ausführungsgesetz zu bundesweiten Volksabstimmungen zu schaffen.

Seite 77, Aufgabe 2:

Pro-Argumente:
- linke Spalte von oben Nr. 1 und 4
- mittlere Spalte von oben Nr. 1 und 3
- rechte Spalte von oben Nr. 2 und 4

Weitere Pro-Argumente könnten z. B. sein:
- größere Akzeptanz politisch brisanter Entscheidungen
- Zunahme der Zufriedenheit mit der Demokratie

Kontra-Argumente:
- linke Spalte von oben Nr. 2 und 3
- mittlere Spalte von oben Nr. 2
- rechte Spalte von oben Nr. 1 und 3

Weitere Kontra-Argumente könnten z. B. sein:
- fehlende Verantwortlichkeit der Regierung, der Abgeordneten oder von Parteien
- erschwerte Kompromissfindung
- Vorteile für finanzstarke Interessengruppen (z. B. Werbemöglichkeiten)

Seite 77, Aufgabe 3:

Ablehnung der Verlängerung des gesetzlichen Mindesturlaubs:

- Arbeit wird nicht als große Last empfunden
- Bürger und Bürgerinnen können zwischen privaten und allgemeinen Interessen abwägen
- Verlängerung des Mindesturlaubs von vier auf sechs Wochen verteuert Produkte und Dienstleistungen und verschärft den internationalen Konkurrenzdruck – mögliche Folge: Arbeitsplätze werden ins kostengünstigere Ausland verlagert.

Ablehnung einer Vermögenssteuersenkung (Geld- und Immobilienbesitz) im Kanton Zürich:

- Gerechtigkeitsempfinden der nicht so vermögenden Mehrheit der Stimmberechtigten; vielleicht auch der „Neidfaktor"
- Einsicht in die Notwendigkeit einer bestimmten finanziellen Ausstattung des Staates, die letztlich allen zugutekommt; hoher Identifikationsfaktor mit dem Staat aufgrund des Mitbestimmungsrechts der direkten Demokratie
- Steuerbelastung in der Schweiz wird von den meisten insgesamt als nicht zu hoch empfunden

Bauverbot von Minaretten und Einschränkung des Kaufs von Häusern durch Ausländer:

- Die Minarett-Abstimmung ist eigentlich nicht zulässig, da Grund- und Menschenrechte eingeschränkt werden (Glaubens- und Gewissensfreiheit); es besteht ein Defizit in der Schweizer Verfassung.
- Der Ausländeranteil (darunter auch viele Deutsche) von ca. einem Viertel der Bevölkerung gilt vielen **Schweizern als zu hoch; Zuwanderung belastet z. B. die Infrastruktur, den Wohnungsmarkt, ande**rerseits entlastet sie den Arbeitsmarkt, solange Vollbeschäftigung herrscht; sprachliche „Überfremdung" (z. B. durch Hochdeutsch).
- Zu geringe Identifizierung der Zuwanderer mit der direkten Demokratie der Schweiz aufgrund fehlender Erfahrungen mit Plebisziten.

Seite 78, Aufgabe 2:

Mögliche Kompromisse bei der Einführung von Volksbegehren und Volksentscheiden auf Bundesebene könnten z. B. sein:

- hohes Quorum
- Zulassung nur von grundlegenden politischen Fragen

4. Politik – nein danke!? (S. 79–80)

Mögliche Stundenstruktur

Phase	Material Schülerband	Methode/Sozialform
Einstieg	M 1, S. 79; Aufgabe 2, S. 79	Unterrichtsgespräch
Eigene Einstellung	Aufgabe 3, S. 79	Umfrage; Unterrichtsgespräch; Folie/Tafel
Erarbeitung/ Vertiefung	Aufgabe 1, S. 79	Unterrichtsgespräch; Folie/Tafel
Weiterführung	Methode: „Kurzreferat über ein politisches Thema" S. 80	Unterrichtsgespräch

Statt der hier vorgeschlagenen Stundenstruktur wäre auch ein direkter Einstieg mit Aufgabe 3, S. 79 unter der Fragestellung „Politik – nein danke!? – Wie steht ihr dazu?" möglich. Anschließend könnten die Ergebnisse in der Klasse diskutiert werden und mit der allgemeineren Umfrage in M 1, S. 79 (Aufgabe 2, S. 79) unter dem Aspekt einer möglichen Politikverdrossenheit verglichen werden. Daran anschließen könnte sich die Frage, warum Demokratie politisches Engagement der Menschen benötigt (Aufgabe 1, S. 79).
Mitreden, -wirken und -gestalten kann man in der Politik nur, wenn ein Mindestmaß an Informationen über politische Fragen, Probleme, unterschiedliche Interessen etc. vorhanden ist. Ein Kurzreferat über ein „politisches Thema der Woche" könnte neben dem Gemeinschaftskundeunterricht ein erster Schritt in diese Richtung sein. Je nach Kenntnisstand der Klasse braucht man eine zusätzliche Stunde zur Besprechung eines solchen Kurzreferates.

Lösungshinweise zu den Aufgaben im Schülerband

Seite 79, Aufgabe 1:

- Regelung und Gestaltung des Zusammenlebens in der Gesellschaft in den verschiedensten Politikbereichen
- Vorhandensein unterschiedlicher persönlicher Interessen und Wertvorstellungen und damit unterschiedlicher Ziele
- Zusammenschluss von Menschen mit ähnlichen Grundüberzeugungen und Interessen z. B. zu Bürgerinitiativen, Verbänden oder Parteien
- Ziel: Gewinnung von Mehrheiten zur politischen Gestaltung („politische Macht“)

Voraussetzungen für eine funktionierende Demokratie:
- Akzeptanz des Mehrheitsprinzips
- Anerkennung der Rechte der Minderheit(en)
- Kompromissbereitschaft und -fähigkeit

Seite 79, Aufgabe 2:

Vergleich von infrage kommenden Aktivitäten und tatsächlicher Beteiligung anhand von zwei Beispielen:
- 77 Prozent der 12- bis 25-Jährigen würden eine Unterschriftenliste unterschreiben, von diesen haben aber nur 59 Prozent sich schon einmal mit einer Unterschrift politisch betätigt.
- Zwar würden immerhin 39 Prozent der Befragten in einer Bürgerinitiative mitmachen, aber lediglich 11 Prozent der Befürworter haben sich schon einmal aktiv in einer Bürgerinitiative engagiert.

Seite 79, Aufgabe 3:

individuelle Schülerergebnisse

5. Bürgerinitiativen – Bürgerbeteiligung auf Zeit? (S. 81)

Mögliche Stundenstruktur

Phase	Material Schülerband	Methode/Sozialform
Einstieg	M 1, 81; Aufgabe 2, S. 81	Partnerarbeit
Auswertung	Aufgabe 1 und 3, S. 81	Unterrichtsgespräch; Folie/ Tafel

Als Einstiegsmöglichkeit zum Thema „Bürgerinitiativen“ (wie auch zu den folgenden Themen „Verbände“ und „Parteien“) bieten sich natürlich immer auch motivierende Fälle aus dem aktuellen politischen Geschehen der Stadt oder Region an. Vergleiche dazu auch Band 1 (Bestellnummer: 11509), S. 58/59 und 68/69.
Hier könnte auch (falls nicht schon im vierten Kapitel erfolgt) die Methodenseite 80: „Kurzreferat: Das (politische) Thema der Woche“ besprochen und zum Beispiel ein Bericht über Ziele und Methoden einer lokalen/regionalen Bürgerinitiative angeregt werden. Zieht man die Besprechung des politischen Wochenberichtes zeitlich vor, könnte die Vorstellung einer aktuellen Bürgerinitiative in einem Schülerkurzreferat auch Einstieg in das fünfte Kapitel dienen.

Lösungshinweise zu den Aufgaben im Schülerband

Seite 81, Aufgabe 1:

- verfolgen meist nur ein Ziel
- lose organisierte politische Gruppe
- meist kommunalpolitische, gelegentlich überregionale Interessen

Seite 81, Aufgabe 2:

1. Plant Rathaus den Bau einer ...
2. Bürgerproteste: Zahlreiche Leserbriefe ...
3. Gemeinderat lehnt Beratung ...
4. Bürgerinitiative gegen Müllverbrennungsanlage ...
5. Oberbürgermeister reagiert erstmals ...
6. Am Samstag: Große Demonstration ...
7. Gemeinderäte suchen ...

Beispiel für einen typischen Verlauf:

- Gerüchte, Informationen (in der Presse)
- Reaktionen der betroffenen Bürger/Bürgerinnen
- Unzureichende Reaktionen der Politiker/Politikerinnen
- Gründung einer Bürgerinitiative
- Ausübung von Druck auf politische Entscheidungsgremien
- erste inhaltliche Stellungnahmen von politischer Seite
- Großdemonstration als Medienereignis
- erste Gesprächsangebote von verantwortlichen Politikern

Seite 81, Aufgabe 3:

Mögliche Gründe: direkte Betroffenheit, überschaubare Zielsetzung, relativ hohe Erfolgsaussicht ...

6. Verbände – Einzelinteressen vor Gemeinwohl? (S.82–83)

Mögliche Stundenstruktur

Phase	Material Schülerband	Methode/Sozialform
Einstieg	M 3–5, S. 83; Aufgabe 5, S. 83	Partnerarbeit; Unterrichtsgespräch oder arbeitsteilige Gruppenarbeit
Erarbeitung	Infotext und Aufgabe 1, S. 82; M 2, S. 82; Aufgabe 4, S. 82	Partnerarbeit; Unterrichtsgespräch oder arbeitsteilige Gruppenarbeit
Weiterführung	M 1, S. 82; Aufgabe 2 und 3, S. 82	Unterrichtsgespräch

Die Unterrichtsstunde kann auch in Form einer arbeitsteiligen Gruppenarbeit durchgeführt und z. B. durch eine Gleichwertige Lernfeststellung (GLF) über Absatz- und Verführungsmethoden der Lebensmittelindustrie ergänzt werden. Dann müsste auf jeden Fall eine Doppelstunde eingeplant werden. Material für die GLF findet sich z. B. im Spiegel-Artikel *Die Tricks der Nahrungsmittelindustrie – wie wir süchtig nach Salz, Zucker und Fett gemacht werden* (Der Spiegel 10/2013; S. 122–130). Der Artikel bietet nützliche Hintergrundinformationen (auch für Lehrkräfte) und gute grafische Darstellungen. Eine Zusammenarbeit mit dem Fach Biologie bietet sich an.

Lösungshinweise zu den Aufgaben im Schülerband

Seite 82, Aufgabe 2:

Zwei Beispiele:
ADAC: Der Allgemeine Deutsche Automobil-Club ist Deutschlands größter Verkehrsclub mit mehr als 18 Millionen Mitgliedern. Der ADAC nimmt für sich in Anspruch, die Interessen deutscher Auto-, Motorrad- und Bootfahrer zu vertreten. Er bietet für seine Mitglieder viele Dienstleistungen an (z. B. Pannenhilfe, Auslandskrankentransporte). Neben dem ADAC gibt es noch den Automobilclub von Deutschland (AvD), den Automobilclub Europa (ACE) und den ökologisch ausgerichteten Verkehrsclub Deutschland (VCD).
DBV: Der Deutsche Bauernverband gilt trotz der zurückgehenden Bedeutung des Agrarsektors noch immer als einer der schlagkräftigsten Interessenverbände in der Bundesrepublik, der 300 000 landwirtschaftliche Betriebe und da vor allem die Interessen der Großagrarier vertritt. Daneben gibt es z. B. den Bundesverband deutscher Milchbauern und die Arbeitsgemeinschaft bäuerlicher Landwirtschaft.

Seite 82, Aufgabe 3:

Wohlfahrtsverbände: z. B. Greenpeace, Amnesty International, Caritas, Pro Familia
Freizeitverbände: z. B. ADAC (partiell), DOSB
Wirtschaftsverbände: z. B. DGB, BDI, DIHK, DBV, ADAC, Verbraucherzentrale

Seite 82, Aufgabe 4:

Positiv z. B.
- Bündelung von Einzelinteressen, die so öffentlichkeitswirksam artikuliert werden können
- Alle wichtigen Interessen kommen über organisierte Verbände zu Wort.
- Ansprechpartner für die Politik (Ministerien, Bundestag etc.), um praxisnahe und nicht wirklichkeitsfremde Gesetze und Verordnungen zu schaffen
- Anbieter von Expertenwissen bei der Gesetzesvorbereitung

Negativ z. B.
- Vor allem finanzstarke, wirtschaftlich bedeutende und medienaffine Verbände finden in der Politik Gehör.
- Allgemeinere Interessen setzen sich gegenüber machtvoll vertretenen Einzelinteressen weniger leicht durch.
- Chancengleichheit und Machtgleichgewicht der diversen Interessenverbände sind Wunschdenken.

Seite 83, Aufgabe 5:

Mögliche Gründe der Entscheidung: zu große Bevormundung der Bürger und Bürgerinnen, Problem der Grenzwertfestlegung für die Ampelfarben, Druck der Lebensmittellobby (Industrie, Einzelhandel) wegen möglicher Umsatzrückgänge und Arbeitsplatzverluste, „Schwarzen Peter" der EU in Brüssel zu schieben ...

7. Parteien – Mittlerinnen zwischen Bürger und Staat? (S. 84–87)

Mögliche Stundenstruktur

Erste Stunde

Phase	Material		Methode/Sozialform
	Schülerband	Lehrerband	
Einstieg	Infotext, S. 84; Aufgabe 1, S. 84		Unterrichtsgespräch
Erarbeitung	M 1–M 3, S. 84–85; Aufgabe 2 und 3, S. 84–85		Partnerarbeit; Unterrichtsgespräch
Vertiefung/Weiterführung	M 4, S. 85; Aufgaben 4 und 5, S. 85	Arbeitsblatt „Vergleich verschiedener politischer Organi-sationsformen“	Partnerarbeit; Unterrichtsgespräch

Zweite Stunde

Phase	Material		Methode/Sozialform
	Schülerband	Lehrerband	
Einstieg	M 5 und Randspalte, S. 86; Aufgabe 4, S. 87		Unterrichtsgespräch
Erarbeitung/ Problematisierung	M 5–M 6, S. 86–87; Aufgaben 1 und 2, S. 87		Gruppenarbeit; Unterrichtsgespräch

Die Doppelstunde soll zum einen die besondere Bedeutung und die Aufgaben von Parteien im politischen System der Bundesrepublik Deutschland herausheben, zum anderen aber auch Unterschiede und Gemeinsamkeiten von Parteiprogrammen und die daraus resultierenden jeweiligen politischen Ziele von Parteien an Beispielen zur Familien- und Bildungspolitik herausarbeiten. Dabei kann deutlich werden, dass insbesondere die großen Volksparteien – aber nicht nur diese – sich in ihren politischen Inhalten und Zielsetzungen manchmal nicht oder nur in Nuancen unterscheiden. Von bestimmten Grundwerten und Grundüberzeugungen abgesehen bilden Parteien zudem keine monolithischen Blöcke, sondern sind innerparteilich durchaus von differenzierenden Interessen und unterschiedlichen gesellschaftlichen Gruppierungen geprägt. Dies hängt stark von Genesis und Geschichte der jeweiligen Partei ab.
Dazu können neben aktualitätsbedingten Positionsänderungen auch strukturelle Entwicklungen, taktische Überlegungen oder machtpolitische Konstellationen eintreten, die zur Abkehr oder zumindest einer Modifizierung von vielleicht einstmals unverrückbaren Positionen von Parteien führen. Selbstverständlich spielen dabei auch Personalien in der jeweiligen Partei oder in der Politik generell eine gewichtige Rolle.
Für den Gemeinschaftskundeunterricht besonders motivierend und spannend sind natürlich Wahlkampfzeiten, egal ob auf Kommunal-, Landes-, Bundes- oder Europaebene. Deshalb empfiehlt sich hier ein Vergleich der Inhalte und Ziele von Parteien ganz besonders. Das schließt die Beobachtung der Wahlkampfmethoden (siehe Schülerband, S. 90–91) ebenso mit ein wie die Regierungsbildung nach erfolgter Wahl (siehe Schülerband, S. 96–97).

Lösungshinweise zu den Aufgaben im Schülerband

Seite 84, Aufgabe 1:
Mögliche Gründe aus dem Infotext und M 1: z. B. die Erfahrungen der NS-Herrschaft; Mehrparteienprinzip als konstitutiver Bestandteil der freiheitlichen demokratischen Grundordnung; Parteienverbot nur durch das Bundesverfassungsgericht; Parteien müssen nach dem Parteiengesetz besondere Anforderungen erfüllen (siehe M 1, S. 84); sie müssen demokratischen Grundsätzen entsprechen; sie nehmen Einfluss auf die politische Willensbildung im Bundestag und in Länderparlamenten.

Seite 85, Aufgabe 3:
Nr. 1.: d, 2.: e, 3.: f, 4.: g, 5.: a, 6.: b, 7.: h, 8.: c

Seite 85, Aufgabe 4:
Zu sehen ist ein „kybernetisches Modell", d. h. die wechselseitige Beeinflussung der Akteure im politischen Geschehen inkl. der Medien. Die politischen Entscheidungsträger (Parlamente, z. B. Bundestag, Gemeinderat; Regierungen, z. B. Bundes- oder Landesregierung, Oberbürgermeister) werden durch die „Meinungen und Interessen des Volkes" auf Vorschlag der Parteien in Wahlen gebildet, nehmen aber ihrerseits Einfluss auf die Meinungsbildung z. B. des Wahlvolkes, der Verbände, Parteien und Medien.

Seite 85, Aufgabe 5:
Bürgerinitiativen: meist lokal/regional; häufig spontane Gründung; ohne feste Organisation; schwankende Zahl von Unterstützern/Mitgliedern; meist nur ein konkretes Ziel; Mittel: mithilfe der Medien Druck auf politische Entscheidungsträger ausüben; Auflösung nach Erreichen des Ziels
Verbände: in der Regel bundesweit tätig; dauerhafte und gute Organisation; großes Expertenwissen; je nach Verband unterschiedlich hohe Zahl von Mitgliedern; Finanzierung durch Beiträge; Ziel: Durchsetzung bestimmter wirtschaftlicher, sozialer, ökologischer und/oder politischer Interessen bei den politischen Entscheidungsträgern; Mittel: Einflussnahme durch Medien auf Wähler (indirekt), Abgeordnete und Ministerien (direkt, legal) bei der Gesetzgebung
Parteien: meist bundesweit tätig; dauerhafte und feste Organisation; unterschiedliche Mitgliederzahl; Finanzierung durch Mitgliedsbeiträge, staatliche Zuschüsse pro Wählerstimme und legale Spenden; meist umfassendes Programm für das ganze politische Spektrum; Streben nach politischer Verantwortung und Entscheidungsbefugnis, d. h. Übernahme von politischen Mandaten und Ämtern

Seite 87, Aufgabe 1 u. 2:
Wirtschaft braucht Maß ... (SPD; auch CDU/CSU)
Die Ehe ist Leitbild ... (CDU/CSU)
Der Staat hat dafür zu sorgen ... (SPD; auch Die Linke)
Wachstum durch Bildung (Bündnis 90/Die Grünen; auch FDP und SPD)
Freiheit im und für das Internet (Die Piraten; auch FDP)
Arbeit braucht faire Löhne (SPD; auch CDU/CSU)
Leistung muss sich wieder lohnen. (FDP; auch CDU/CSU)
Wir stehen dafür, dass die Frauen ... (Bündnis 90/Die Grünen)
Reichtum besteuern! (Die Linke; auch SPD)
Umverteilung von oben ... (Die Linke)
Die Bewahrung der Schöpfung ... (CDU/CSU)
Eltern, die ihre Kinder ... (CDU/CSU)

M1 Vergleich verschiedener politischer Organisationsformen

	Parteien	Verbände	Bürgerinitiativen
Organisation			
Mitgliederschaft			
Dauerhaftigkeit			
Übernahme politischer Verantwortung			
Themenvielfalt			
Einflussmöglichkeiten			
Sonstiges			

8. Warum wählen? (S. 88–89)

Mögliche Stundenstruktur

Erste Stunde

Phase	Material Schülerband	Methode/Sozialform
Einstieg	Karikatur, S. 88; Aufgabe 1, S. 89	Unterrichtsgespräch
Erarbeitung	Infotext und M 1, S. 88; Aufgaben 2 und 3, S. 89	Einzelarbeit/Partnerarbeit; Streitgespräch

Evtl. zweite Stunde

Phase	Material Schülerband	Methode/Sozialform
Vertiefung	M 2 und M 3, S. 89; Aufgabe 4, S. 89	Einzelarbeit/Partnerarbeit; Unterrichtsgespräch; Folie/Tafel
Weiterführung	M 4, S. 89; Aufgabe 5 und evtl. 6, S. 89	Internetrecherche; Unterrichtsgespräch

Falls man die Entwicklung der Beteiligung an der Bundestagswahl seit 1949 intensiver behandeln und zugleich die Wahl-O-Mat-Thematik ausführlicher erarbeiten und besprechen will, sollte man eine zweite Unterrichtsstunde einplanen. Dies könnte z. B. in Vorwahlzeiten aus Aktualitäts- und Motivationsgründen durchaus sinnvoll sein. In diesem Fall böte sich auch zusätzlich die Durchführung des Projekts „Wahlkampf und Wahlprognose“ (siehe Schülerband, S. 90–91) an.

Lösungshinweise zu den Aufgaben im Schülerband

Seite 89, Aufgabe 1:

Manche fordern dazu auf, die Unzufriedenheit mit der Politik schlechthin oder den Politikern im Besonderen mit Wahlenthaltung zu dokumentieren. Je höher die Zahl der Nichtwähler, desto eher verstehen demnach die in der Politik Tätigen dieses Verhalten als Warnschuss und Denkzettel der Unzufriedenen und damit als Anstoß zum politischen Wandel. Der Karikaturist dagegen will sagen, dass die Nichtwähler nur sich selbst und der demokratischen Ordnung schaden („Sie sägen den Ast ab, auf dem sie selber sitzen“). Der Baumstamm „Demokratie“ ist zwar noch sehr kräftig, doch wenn mehr und mehr Äste und Zweige fehlen, schadet das dem Ansehen und damit der Akzeptanz der Demokratie. Die Wahlenthaltung stärkt erfahrungsgemäß die radikalen Kräfte. Aufgabe und im Sinn der Wähler und Wählerinnen sollte es jedoch sein, gerade diejenigen mit ihrer Stimmabgabe an die Macht zu bringen, die nicht „korrupt“, sondern verlässlich und vertrauenswürdig politische Entscheidungen zum Wohle der Allgemeinheit treffen.

Seite 89, Aufgabe 2:

Mögliche Zuordnung:

M 1	**Infotext**
linke Spalte oben	grundsätzliches politisches Desinteresse; Wahlgang wird gestrichen wegen voller Zufriedenheit mit bestehenden (politischen, wirtschaftlichen und/oder sozialen) Verhältnissen
linke Spalte unten	Informationsdefizite bei politischen Problemen
mittlere Spalte oben	Angebote der Partei(en) unzureichend
mittlere Spalte unten; Karikatur	Enttäuschung über politische Richtung/Entwicklung; Wahlenthaltung als Denkzettel
rechte Spalte oben	grundsätzliches politisches Desinteresse; Wahlgang wird gestrichen wegen voller Zufriedenheit mit bestehenden (politischen, wirtschaftlichen und/oder sozialen) Verhältnissen
rechte Spalte unten	Angebote der Partei(en) unzureichend

Seite 89, Aufgabe 3:

Mögliche Argumente
- Wählen ist eine demokratische Bürgerpflicht.
- Die Stimmabgabe drückt Zustimmung zur freiheitlichen demokratischen Grundordnung aus.
- Die Teilnahme an der Wahl bedeutet auch Mitwirkung an der politischen Richtungsentscheidung.
- Eine hundertprozentige Übereinstimmung mit einer Partei gibt es selten – man kann aber das kleinste Übel wählen.
- Die Wahlenthaltung hilft radikalen Parteien, deren Anhänger sicher zur Wahl gehen.

Siehe dazu auch S. 89, Aufgabe 1.

Seite 89, Aufgabe 4:

Auffallend ist z. B. die niedrigere Wahlbeteiligung der 21- bis 25 Jährigen (darunter bei Frauen noch etwas geringer) im Vergleich zur Gruppe der Erstwähler von 18 bis 21 Jahren. Von dieser Ausnahme abgesehen gilt bei den jüngeren Altersgruppen bis 40: Je älter, desto eher ist man bereit, zur Wahlurne zu gehen, auch wenn der Wahlgang dieser Gruppen insgesamt unter dem Durchschnitt liegt. Die Altersgruppen von 40 bis 60 Jahren beteiligen sich überdurchschnittlich an der Wahl. Signifikant ist vor allem die weit überdurchschnittliche Wahlbeteiligung der 60- bis 70-Jährigen, wobei die Männer dieser Altersgruppe noch häufiger zur Wahl gehen. Abgesehen von den 18 bis 25 Jahre und den über 60 Jahre alten Frauen ist die durchschnittliche Wahlbeteiligung bei den Frauen immer höher als bei den gleichaltrigen Männern.
Mögliche Gründe:
- Lebenserfahrung und Verantwortungsgefühl der Älteren ab 40 Jahren, die den Wahlgang wohl häufiger als staatsbürgerliche Pflicht ansehen als die jüngeren Jahrgänge;
- Neuigkeitseffekt bei Erstwählern;
- höhere Lebenserwartung der Frauen über 70 (gegenüber Männern) mit damit verbundenen gesundheitlichen Einschränkungen, die den Urnengang verhindern bzw. das Interesse an Politik zurückgehen lassen.

Die Entwicklung der Wahlbeteiligung insgesamt seit 1949 wird mehr oder weniger von der Brisanz aktueller politischer Kontroversen und Entwicklungen bestimmt, ist tendenziell aber eher rückläufig.
1949: z. B. einerseits Anreiz der ersten demokratischen Bundestagswahl nach NS-Zeit, andererseits nach wie vor Misstrauen gegenüber der Politik
1957: z. B. Kalter Krieg/Ungarn-Aufstand 1956, Angst vor Kommunismus, beginnendes Wirtschaftswunder
1972: z. B. Richtungswahl für oder gegen Willy Brandts neue Ostpolitik
1983: z. B. erste Wahl nach konstruktivem Misstrauensvotum Schmidt/Kohl, Politisierung durch Friedens- und Antiatomkraftbewegung, Streit um Wirtschaftspolitik
1990: z. B. gewisse Unsicherheiten bei erster gesamtdeutscher Bundestagswahl
1998: z. B. wirtschaftliche Probleme, Anti-Kohl-Wahl
2005: z. B. Kontroverse um Agenda 2010, langsame wirtschaftliche Stabilisierung, d. h. politische Normalisierung
2009: z. B. relative wirtschaftliche Stabilität in Deutschland trotz globaler Finanzkrise

9. Wie wird der Deutsche Bundestag gewählt? (S. 92–93)

Mögliche Stundenstruktur

Phase	Material Schülerband	Methode/Sozialform
Einstieg	M 1, S. 92; Aufgabe 1, S. 92	Partnerarbeit; Unterrichtsgespräch
Problematisierung	M 2, S. 92; Aufgabe 2, S. 92	Partnerarbeit; Unterrichtsgespräch
Erörterung	M 1 und 2, S. 92; Aufgabe 3, S. 92	Unterrichtsgespräch
Erweiterung/ Erarbeitung	Bundestagswahlrecht: M 3, S. 93; Aufgaben 4 und 5, S. 93	Partnerarbeit; Unterrichtsgespräch
Vertiefung	Aufgabe 6, S. 93	Unterrichtsgespräch

Die vorgeschlagene Stundenstruktur nutzt den „Überraschungseffekt“ des britischen Wahlsystems als Einstieg, dessen Ergebnis vermutlich von den Schülerinnen und Schülern als „ungerecht“ empfunden wird. Zugleich kann aber an ihm auch gezeigt werden, dass es unterschiedliche Auffassungen von einem „gerechten, demokratischen und zugleich praktikablem“ Wahlrecht gibt. Der Hinweis auf direktdemokratische Entscheidungsprozesse in der Schweiz (vgl. Schülerband 2/11510, S. 74–77) oder auf Bürgerentscheide in Deutschland (Schülerband 1/11509, S. 68 f.) kann diese Einsicht noch verstärken. Die Unterrichtsstunde lässt sich jedoch auch ohne das britische Beispiel ausschließlich anhand von M 1 – M 3 gestalten – wenn man z. B. die Stunde inhaltlich entlasten will. Das britische Wahlsystem könnte dann als „besondere Lernleistung (GFS)“ von einer Schülerin oder einem Schüler in einer anderen Stunde vorgestellt werden, möglicherweise in Absprache mit der Fachkraft für Englisch.

Lösungshinweise zu den Aufgaben im Schülerband

Seite 92, Aufgabe 1:

Die Konservativen haben in 306 der 650 Wahlkreise die (relative) Mehrheit erreicht und haben damit 306 Abgeordnete ins Unterhaus gebracht, obwohl sie insgesamt nur 36,1 Prozent der Gesamtstimmen in Großbritannien erhalten haben. Die Liberalen bekamen zwar fast ein Viertel der Stimmen (23 Prozent), gewannen die Mehrheit aber nur in 57 Wahlkreisen. Die regionalen Parteien in Nordirland und Schottland waren in acht bzw. sechs Wahlkreisen in ihren Regionen erfolgreich, sammelt aber landesweit nur 0,6 bzw. 1,7 Prozent der Stimmen ein.

Seite 92, Aufgabe 2:

Mehrheitswahl: Die kleineren Parteien ...; Extreme Parteien ...; Das Wahlverfahren ist ungerecht ...
Verhältniswahl: Es kann schwieriger werden ...; Die Wahl ist unpersönlicher ...

Seite 93, Aufgabe 4:

Auffälligkeiten:
- Im Wahlkreis 274 Heidelberg erhalten die SPD- und CDU-Kandidaten erheblich mehr Erststimmen als ihre jeweiligen Parteien Zweitstimmen. Insgesamt gilt dieser Befund auch für das ganze Bundesgebiet.
- Umgekehrt entfallen auf Grüne, FDP, Die Linke und auch auf die Sonstigen in Heidelberg mehr Zweitstimmen als Erststimmen. Auf Bundesebene fällt der relativ große Zweitstimmenüberschuss der FDP gegenüber ihrem Erststimmenanteil auf.
- Hoher Stimmenanteil für die Grünen und die FDP sowohl bei den Erst- als auch bei den Zweitstimmen im Wahlkreis im Vergleich zum Bundestags-Endergebnis; bei der Linken hingegen ist das Endergebnis im Bundesgebiet deutlich besser als das Wahlkreisergebnis.

Mögliche Erklärungen:
- Es gibt relativ viele „politisch aufgeklärte“ Wählerinnen und Wähler im Wahlkreis 274, die „Stimmensplitting“ praktizieren, um die kleineren Parteien zu stärken. Entscheidend für die Stärkeverhältnisse im Bundestag ist die Zweitstimme. Wichtig ist auch der Sprung über die 5-Prozent-(Zweitstimmen-)Hürde.
- Viele sozial besser gestellte (Universitätsstadt), deswegen hoher Zweitstimmenanteil bei Grünen und FDP.
- Der Wahlkreiskandidat Dr. Karl Lammers ist führendes Mitglied seiner Partei, der vom „Promibonus“ profitiert und deshalb ein relativ hohes Erststimmenergebnis erreicht hat.

Seite 93, Aufgabe 5:

Dirk Niebel als bekannter und führender Politiker der FDP sollte in seinem Wahlkreis möglichst viele Erst- und vor allem Zweitstimmen „sammeln". Da er als Kandidat von einer kleineren Partei kaum Chancen hat, das Direktmandat des Wahlkreises Heidelberg zu erringen, wird er durch einen vorderen Listenplatz auf der Landesliste seiner Partei für den Einzug in den Bundestag abgesichert.

Seite 93, Aufgabe 6:

Die personalisierte Verhältniswahl ist kein Mischwahlsystem, sondern im Prinzip ein reines Verhältniswahlsystem, erweitert um eine Personenkomponente. So ist für die Sitzverteilung im Bundestag die Zweitstimme entscheidend, während die Erststimme nur darüber mit bestimmt, welche Parteimitglieder diese Sitze erhalten.

10. Welche Stimme ist wichtiger? (S. 94–95)

Mögliche Stundenstruktur

Phase	Material Schülerband	Methode/Sozialform
Einstieg/Erarbeitung	M2, S. 95; Aufgaben 4 und 5, S. 95	Partnerarbeit/Gruppenarbeit; Unterrichtsgespräch
Vertiefung	M1, S. 94; Aufgaben 1–3, S. 94	Partnerarbeit/Gruppenarbeit; Unterrichtsgespräch

Als Alternative zum hier vorgeschlagenen Vorgehen kann man im Anschluss an die vorhergehende Stunde ohne Probleme die Bearbeitung der Aufgaben 4 und 5 von Seite 95 in die Erörterung von Aufgabe 6 der Seite 93 mit einbeziehen. Dies bietet sich insbesondere an, wenn man die Erarbeitung der Seiten 92–95 als Doppelstunde mit schwerpunktmäßiger Partner- bzw. Gruppenarbeit konzipiert. Die eher wahlsoziologisch angelegte Seite 94 mit den Aufgaben 1–3 würde dann den Abschluss der Doppelstunde bilden.

Lösungshinweise zu den Aufgaben im Schülerband

Seite 94, Aufgabe 1:

Veränderungen:
- In Baden-Württemberg und Bayern gewinnt die SPD kein Direktmandat.
- Die SPD behauptet sich nur noch im Ruhr-Gebiet und in Teilen Hessens, des nordwestlichen und südlichen Niedersachsens sowie in Hamburg und Bremen. Die CDU gewinnt vor allem im östlichen Brandenburg und in Sachsen-Anhalt Direktmandate von der SPD und den Linken.
- Die Linke erreicht nur noch in Ostberlin Direktmandate. Die CDU gewinnt in West-Berlin weiter Direktmandate von der SPD, aber auch von der Linkspartei im Osten. Der Wahlkreis Friedrichshain-Kreuzberg wird von Chr. Ströbele (Grüne) gehalten.

Seite 94, Aufgabe 2:

Eine Erklärung für die relative Stabilität regionaler Hochburgen könnte z. B. sein: relativ homogenes Umfeld hinsichtlich der Erwerbs- und Berufsstruktur, der sozialen Schicht, der traditionellen Parteipräferenz, der Geschichte, der kirchlichen Bindung etc.

Seite 95, Aufgabe 3+4:

Mit der Aufstellung als Direktkandidat/in in einem der 299 Bundestagswahlkreise hat man die Möglichkeit, unabhängig von sonstigen Ergebnissen (z. B. Fünf-Prozent-Klausel) bei der Wahl direkt in den Bundestag einzuziehen – wenn man die einfache Mehrheit im Wahlkreis erhält. In der Regel gelingt dies aber nur Kandidaten, die von einer der großen Parteien CDU und SPD aufgestellt und unterstützt werden.
Ausnahmen seit 1990: die Wahlkreiskandidaten der CSU in Bayern, einige Kandidaten der Linkspartei in Ostdeutschland sowie ein bzw. zwei Wahlkreisbewerber der Grünen in Berlin.
Der andere Weg führt nur über die Aufstellung auf der Landesliste einer Partei und auch nur, wenn man von der Partei auf einem aussichtsreichen Listenplatz nominiert worden ist, im Regelfall also auf einem vorderen Platz.
Ausnahmen: Die Partei erhält kein Überhangmandat und gewinnt alle Direktmandate in einem Bundesland. Gewinnen viele Kandidaten der vorderen Listenplätze ein Direktmandat und stehen der Par-

tei noch Landeslistenplätze zu, genügt u. U. auch ein hinterer Listenplatz, um in den Bundestag einzuziehen.
Für die Sitzverteilung der Parteien im Bundestag ist die Zweitstimme entscheidend. Bislang hatte die Erststimme lediglich dann Einfluss auf die Sitzverteilung, wenn Überhangmandate entstanden. Da diese jedoch ab der Bundestagswahl 2013 durch Ausgleichsmandate neutralisiert werden, wird die Verteilung nun tatsächlich allein durch die Zweitstimmen bestimmt.

11. Kanzlerwahl und Regierungsbildung (S. 96–97)

Mögliche Stundenstruktur

Phase	Material Schülerband	Methode/Sozialform
Einstieg	M 2 und M 3, S. 97; Aufgabe 4, S. 97	Partnerarbeit; Unterrichtsgespräch
Problematisierung	M 3, S. 97; Aufgaben 5 und 6, S. 97	Unterrichtsgespräch
Weiterführung	M 1, S. 96; Aufgaben 1 und 2, S. 96	Partnerarbeit; Unterrichtsgespräch

Um diese Stunde inhaltlich zu entlasten, könnte man den historischen Rückblick auf Seite 96 z. B. auch als Präsentationsthema einer GFS mit der Fragestellung: „Die Bundesrepublik Deutschland – ein politisch stabiles Land?“ vergeben.

Lösungshinweise zu den Aufgaben im Schülerband

Seite 96, Aufgabe 1:

Bislang gab es in der Bundesrepublik acht Bundeskanzler (Stand: Januar 2014). Am längsten davon amtierte Helmut Kohl mit einer Amtszeit von 16 Jahren, gefolgt von Konrad Adenauer mit 14 Jahren. Die derzeitige Kanzlerin Angela Merkel regiert bereits seit 8 Jahren. Obwohl nicht alle Kanzler derart lange Amtszeiten aufweisen, steht dies für eine recht hohe Stabilität der Bundesrepublik. Auch die Anzahl der Parteien im Bundestag ist über die Jahre hinweg relativ konstant und überschaubar geblieben, abgesehen vom ersten und auch noch dem zweiten Bundestag, in dem noch einige kleinere Parteien vertreten waren, die sich nach und nach auflösten (DP, GB/BHE ...). 1983 erweiterten die Grünen dauerhaft das im Bundestag vertretene Parteienspektrum, 1990 die PDS (heute: Die Linke). Dies zeigt, dass trotz aller Konstanz auch Bewegung hinsichtlich der Bundestagsparteien vorhanden ist.

Seite 97, Aufgabe 4:

CDU/CSU (260) + Die Grünen (80)	=	340 Abgeordnete („schwarz-grüne-Koalition“)
SPD (190) + Die Grünen + FDP (30)	=	300 Abgeordnete („Ampel-Koalition“)
SPD + Die Grünen + Die Linke (38)	=	308 Abgeordnete („rot-rot-grüne Koalition“)
CDU/CSU + SPD	=	450 Abgeordnete („Große Koalition“)
CDU/CSU + FDP oder SPD + Die Grünen	=	Minderheitsregierungen (290 bzw. 270 Abgeordnete)
Allparteienregierung	=	„Schweizer Modell“? Mit oder ohne Die Linke?

Seite 97, Aufgabe 5:

Der Infotext verweist auf die besonders häufig bzw. aufgrund programmatischer Nähe gern gebildeten Koalitionen: „schwarz-gelb“ oder „rot-grün“. Dies wird auch aus den Aussagen in M 3 deutlich. Nur aus der Not heraus wird hingegen eine Große Koalition gebildet. Die Distanz der Mehrheit von CDU/CSU zu den Grünen sowie der SPD zur FDP macht eine Koalition mit diesen Partnern eher unwahrscheinlich, jedoch zeigt die weniger distanzierte Minderheit in beiden Parteien, dass hier durchaus eine Annäherung möglich ist (siehe auch die „rot-gelben“ Koalitionen von Brandt und Schmidt in M 1). Eine Koalition mit der Linken auf Bundesebene schließen hingegen alle Parteien aus. Mithilfe von M 6 auf S. 86/87 kann dieses Bild weiter differenziert werden.

Seite 97, Aufgabe 6:

Aspekte: das Wahlergebnis, personelle Konstellationen des Führungspersonals der Parteien, Akzeptanz bei der Basis und beim Wähler, Einhaltbarkeit von Wahlversprechen, inhaltliche Übereinstimmungen bzw. Kompromissmöglichkeiten, bisherige Erfahrungen mit bestimmten Koalitionen etc.

12. Der Bundestag – Macht und Ohnmacht (S. 98–101)

Mögliche Stundenstruktur

Erste Stunde

Phase	Material Schülerband	Methode/Sozialform
Einstieg	Überschrift des Kapitels	Unterrichtsgespräch
Erarbeitung	Infotext, S. 98; Aufgabe 1, S. 99	Einzelarbeit
Problematisierung/ Sicherung	M 1, S. 98 f.; Aufgabe 2, S. 99	Partnerarbeit
Weiterführung	M 2, S. 99; Aufgabe 3, S. 99	Unterrichtsgespräch

Zweite Stunde

Phase	Material Schülerband	Methode/Sozialform
Einstieg	Foto, S. 101 oder	Unterrichtsgespräch
Erarbeitung	M 3 und 4, S. 100; Aufgabe 1, S. 101	Einzelarbeit/Partnerarbeit
Weiterführung	M 3 und 5, S. 100 f.; Aufgabe 2, S. 101	Einzelarbeit
Problematisierung/ Sicherung	Aufgabe 3, S. 101; Aufgreifen der Kapitelüberschrift	Unterrichtsgespräch: Diskussion

Ziel dieser Stunden ist es, zunächst allgemein die Funktionen und die Arbeitsweise des Bundestages insgesamt zu vermitteln. Im nächsten Schritt geht es an die Differenzierung: Zunächst wird das Spannungsverhältnis zwischen den Rechten der Abgeordneten, wie sie in Artikel 38 GG verankert sind, und der Fraktionsdisziplin, ausgeübt durch die Parteien, herausgearbeitet und anhand eines Fallbeispiels kontrovers diskutiert. Im zweiten Schritt wird verdeutlicht, dass die Kontrollfunktion nicht vom Bundestag insgesamt, sondern vor allem von der Opposition wahrgenommen wird. Nachdem die Kontrollinstrumente vorgestellt werden (M 3, S. 100), wird an dem aktuellen, für Baden-Württemberg relevanten Fallbespiel „Stuttgart 21“ gezeigt, wie Kontrolle konkret ausgeübt werden kann.
Der hier abgedruckte Info- und Autorentext basiert – wie auch die der übrigen Kapitel zum politischen System – auf den wissenschaftlichen Arbeiten von Wolfgang Rudzio und Manfred G. Schmidt. Die genauen bibliographischen Angaben finden Sie in der Mediathek.
Einsteigen könnte man in die erste Stunde, indem die Lehrperson die Überschrift des Kapitels „Der Bundestag – Macht und Ohnmacht“ an die Tafel schreibt und die Klasse befragt, wie sie diese Aussage versteht und bewertet, und die Äußerungen notiert. Zur abschließenden Problematisierung bietet es sich an, darauf am Ende der zweiten Stunde zurückzugreifen und zu diskutieren, welche Charakterisierung am ehesten auf den Bundestag zutrifft.

Lösungshinweise zu den Aufgaben im Schülerband

Seite 99, Aufgabe 1:

Funktionen des Bundestages:
- Vertretung des ganzen Volkes
- oberstes Verfassungsorgan
- Artikulationsfunktion:
  → Meinungen und Interessen des Volkes ausdrücken
- legislative Funktion:
  → verabschiedet gemeinsam mit dem Bundesrat Gesetze
  → verabschiedet den Bundeshaushalt
- Wahl- und Kontrollfunktion:
  → wählt den Bundeskanzler/die Bundeskanzlerin
  → ist an Wahl des Bundespräsidenten/der Bundespräsidentin und der Verfassungsrichter und -richterinnen beteiligt

Arbeitsweise des Bundestages:
- handelt im Rahmen der Verfassung autonom, unterliegt also keiner Aufsicht
- öffentliche Plenardebatten:
  → Information der Bevölkerung über die verschiedenen Standpunkte der Parteien
- in der Regel nichtöffentliche Ausschusssitzungen zu verschiedenen Politikbereichen:
  → Erarbeitung von Kompromissen

Seite 99, Aufgabe 2:

Argumente für die Fraktionsdisziplin:
- Ohne die Nominierung durch eine Partei schafft es kaum jemand in den Bundestag.
- Wenn eine Partei die Regierung stellt, sind die wichtigsten Akteure und Funktionsträger dieser Partei oft zugleich Regierungsmitglieder.
- Die Gefahr der Destabilisierung der Partei wird gebannt.
- Das Bild der Partei nach außen wird gefestigt.
- Instabile Parteien laufen Gefahr, ihre Macht- und Handlungsfähigkeit zu verlieren.
- Die Verlässlichkeit der Koalitionsverträge wird gesichert.
- Die politische Karriere der Abgeordneten wird gesichert.
- Die Durchsetzung der Ideen der Partei ist einfacher.

Argumente gegen die Fraktionsdisziplin:
- Artikel 38 Absatz 1 GG schreibt die Unabhängigkeit der Abgeordneten fest.
- Der Druck auf den/die einzelnen Abgeordnete/n führt möglicherweise dazu, dass er/sie gegen das eigene Gewissen abstimmt.

Seite 99, Aufgabe 3:

Amtsverständnis von H.-C. Ströbele:
Ströbele betont den direkten Auftrag der Bevölkerung an ihn und verspricht, die Positionen, für die er angetreten sei, „nachdrücklich" zu verfolgen. Damit bezieht er sich auf Artikel 38 GG. Seinen Schlusssatz könnte man fast als Kampfansage an seine Partei verstehen, da er dezidiert auf den „Wählerauftrag" als ein „politisches Signal" verweist, an dem „niemand vorbeikommt".

Seite 101, Aufgabe 1:

Hier bietet es sich an, die im Text durch Punkte gekennzeichneten Instrumente systematisch zu besprechen und das Grundgesetz zur Hilfe zu nehmen.

Seite 101, Aufgabe 2:

Durch die kleine Anfrage und die detailliert formulierten Fragen erzwingt die Linke eine schriftliche Antwort der Regierung, die sie in Diskussionen und anderen öffentlichen Auseinandersetzungen nutzen kann.

Seite 101, Aufgabe 3:

Bei dieser Diskussion muss auf die Unterscheidung zwischen Parlamentsmehrheit und Opposition geachtet werden und darauf, wie groß die Öffentlichkeit ist, die mit dem jeweiligen Instrument erreicht werden kann.

13. Der Bundesrat – verlängerter Arm der Landesregierungen? (S. 102–103)

Mögliche Stundenstruktur

Phase	Material Schülerband	Methode/Sozialform
Einstieg	M 1, S. 102; Aufgaben 1 und 2, S. 103	Unterrichtsgespräch
Erarbeitung	M 2, S. 102 f.; Aufgaben 3–6, S. 103	Einzelarbeit/ Partnerarbeit
Problematisierung/ Sicherung	Aufgabe 7, S. 103	Einzelarbeit/ Unterrichtsgespräch
Weiterführung	Aufgabe 8, S. 103	Diskussion „Entscheidet euch!“

In der Unterrichtspraxis hat es sich bewährt, die Stunde mit M 1 zu eröffnen und die Klasse Fragen formulieren zu lassen. Denn dadurch steigt das Interesse, sich mit dem doch ungewöhnlich langen und informationsreichen Text M 2 auseinanderzusetzen, um Antworten auf die selbstgestellten Fragen zu finden. Auch das Interesse an dem Rechercheauftrag (Aufgabe 5, S. 103) wird dadurch geweckt. Wichtig ist es, am Ende der Stunde zu überprüfen, ob alle Fragen zufriedenstellend beantwortet werden können. Dann sollte die Karikatur erneut aufgegriffen und kritisch diskutiert werden.
Die Methode „Entscheidet euch!“ ist manchen sicher auch als „Erzengelmethode“ oder „good angel – bad angel“ bekannt. Wir haben uns für die eher neutrale Bezeichnung entschieden, um religiöse Assoziationen zu vermeiden, die hier unpassend wären.

Folgende Arbeitshilfe könnte verteilt werden, wenn die Methode der Klasse noch unbekannt sein sollte:

✂ -

Methode „Entscheide dich!“

Organisiert eine „Entscheidungsdiskussion“ zum Thema „Sollte der Bundesrat abgeschafft werden?“ Zählt in eurer Klasse hierzu von eins bis drei durch.

1. Arbeitsphase: Diskussion in zwei Großgruppen – pro und kontra:
   - Die Gruppe mit der Nummer eins sammelt und diskutiert Aspekte, die gegen die Abschaffung des Bundesrates sprechen.
   - Diejenige mit der Nummer zwei tut dies für die Pro-Argumente.
   - Die, die die Nummer drei gezogen haben, sind die Entscheider/innen. Sie können für sich die Argumente abwägen.

2. Arbeitsphase: Diskussion in Dreiergruppen:
   - Neuformation der Gruppen: Je drei Schüler/Schülerinnen mit den Nummern 1 – 2 – 3 bildet eine Gruppe.
   - Diejenigen, die die Pro- bzw. die Kontra-Argumente vertreten, versuchen nun, „ihre/n“ Entscheider/in von ihrer Position zu überzeugen.
   - Der/die Entscheider/in muss abschließend eine Entscheidung fällen.

3. Arbeitsphase: Vorstellen der Ergebnisse
   - Die Entscheider/innen begründen ihre Haltung vor der Klasse.

Lösungshinweise zu den Aufgaben im Schülerband

Seite 103, Aufgabe 2:

Mögliche Fragen:
- Was ist der Bundesrat? Wie setzt er sich zusammen? Welche Funktion hat er bei der Gesetzgebung? Wieso hat er die Macht zu verhindern, dass der Ball durch das Netz fallen kann?
- Was ist ein zustimmungspflichtiges Gesetz?
- Wieso verkörpert die Leiter die Opposition des Bundestages? Eventuell: Um welche Opposition handelt es sich überhaupt?

Seite 103, Aufgabe 3:

- Mitglieder der 16 Regierungen der Bundesländer
- Einwohnerstarke Länder haben mehr Stimmen als einwohnerschwache; mindestens aber drei, höchstens sechs. Die genaue Verteilung findet sich in der Karte auf S. 103.

Seite 103, Aufgabe 4:

- Aufgabe: Mitwirkung bei der Gesetzgebung des Bundes;
- hierbei Unterscheidung zwischen zustimmungspflichtigen Gesetzen und Einspruchsgesetzen (auch nichtzustimmungspflichtige Gesetze genannt).

Seite 103, Aufgabe 5:

- Blockademöglichkeiten bestehen grundsätzlich bei beiden Gesetzesarten, insbesondere aber bei Zustimmungsgesetzen, wenn die Oppositionsparteien des Bundestages im Bundesrat die Mehrheit haben. Hier wird dann vor allem nach Parteiinteresse entschieden.
- Zuweilen schließen sich – über die Parteigrenzen hinaus – auch Vertreter der Länder gegen die Bundesinteressen zusammen.

Seite 103, Aufgabe 6:

- Nach 1945 konstituierten sich zuerst die Länder; sie wollten weitgehende Mitwirkungsrechte haben.
- Die westlichen Besatzungsmächte wollten einen starken Zentralstaat wie unter Naziregime verhindern und stattdessen einen eher schwachen Staat etablieren. Die Abhängigkeit von Bund und Ländern schien das zu garantieren.
- *Ergänzung zu M2:* Ein Blick in die Geschichte lehrt, dass die Machtverteilung zwischen Gesamtstaat und Ländern, der Föderalismus (lat. foedus: Bündnis, Vertrag), in Deutschland nicht neu ist. Bereits im Norddeutschen Bund von 1867 und im Kaiserreich bestand ein „Bundesrat" als Vertretung der Einzelstaaten.

Seite 103, Aufgabe 8:

Siehe hierzu die Hinweise zur Methode „Entscheidet euch!" in der Stundenstruktur zu Kapitel 13 sowie in Band 1 (Bestellnr. 11509), S. 45.

14. Wie entsteht ein Gesetz? (S. 104–105)

Mögliche Stundenstruktur

Erste Stunde

Phase	Material Schülerband	Methode/Sozialform
Einstieg	M 2, S. 104; Aufgabe 1, S. 105	Unterrichtsgespräch
Erarbeitung/ Problematisierung	M 2–5, S. 104 f.; Aufgabe 2, S. 105	Einzelarbeit; ein/e Schüler/in auf Folie
Sicherung	Aufgabe 3, S. 105	Unterrichtsgespräch

Anhand des Meldegesetzes kann man sehr schön die verschiedenen Stationen der Gesetzgebung durchsprechen. Thematisiert werden müsste jedoch, dass es sich bei diesem Beispiel eher um einen Ausnahmefall handelt, weil hier offenbar ein Kommunikationsproblem zwischen Regierung und Ausschüssen auftrat. Vorgeschlagen wird, die Chronik (Aufgabe 2, S. 105) von einer Schülerin oder einem Schüler auf einer Folie notieren zu lassen, weil das das Besprechen mit der Klasse erleichtert.
Tipp: Das Schaubild M 1 auf S. 104 wird von der Bundeszentrale für politische Bildung als großformatiges Plakat angeboten.

Lösungshinweise zu den Aufgaben im Schülerband

Seite 105, Aufgabe 1:

28.6.2012, 20:51 Uhr:
Zweite und dritte Lesung des Meldegesetzes ohne Debatte;
Anwesende: 27 Parlamentarier/innen von 620;
Ergebnis: Annahme des Gesetzes: 17 Abgeordnete von CDU/CSU und FDP stimmten dafür; 10 Abgeordnete der Opposition dagegen.

Seite 105, Aufgabe 2:

November 2011:
Entwurf der Bundesregierung zum Meldegesetz: Einwilligungslösung war vorgesehen (M 3)
April 2012:
erste Lesung des Bundestages (M 3)
15.6.2012:
Änderungswunsch, dass Einwilligungslösung durch Widerspruchslösung ersetzt wird, wird an die Mitglieder des Innenausschusses versandt (M 3)
27.6.2012:
Innenausschuss tagt: Auf Antrag von Union und FDP wird Einwilligungslösung durch Widerspruchslösung ersetzt; Oppositionsfraktionen stimmen geschlossen dagegen (M 3).
Ausschuss für Wirtschaft und Recht nimmt den Beschluss zur Kenntnis ohne eigene Beratung.
28.6.2012:
Annahme des Meldegesetzes durch den Bundestag (M 2)
Juli 2012:
Die Bundesregierung spricht sich für Änderung des Gesetzes aus: Datenschutz müsse gestärkt werden (M 2).
September 2012:
Der Bundesrat lehnt das Gesetz ab (M 4) und überweist es an den Vermittlungsausschuss (M 5).

15. Die Bundesregierung – wer hat das Sagen? (S. 106–107)

Mögliche Stundenstruktur

Phase	Schülerband	Methode/Sozialform
Einstieg	Karikatur, S. 106	Unterrichtsgespräch
Erarbeitung	Infotext, S. 106; Aufgabe 1, S. 107	Unterrichtsgespräch/ Einzelarbeit
Sicherung/ Problematisierung	M 1 und 2, S. 106 f.; Aufgaben 2 und 3, S. 107 Danach: erneutes Aufgreifen der Karikatur: Aufgabe 4, S. 107	Partnerarbeit; ein/e Schüler/in auf Folie; Unterrichtsgespräch Unterrichtsgespräch
Problematisierung	Aufgabe 6, S. 107	Unterrichtsgespräch
Weiterführung	Aufgabe 5, S. 107	Recherche; Karikatur zeichnen

Die auf S. 106 des Schülerbandes abgebildete Karikatur sticht so sehr ins Auge, dass wir vorschlagen, mit ihr die Stunde zu eröffnen und sie später – wenn die Funktionen und Arbeitsweise der Bundesregierung geklärt sind – noch einmal aufzugreifen. Wie schon bei Kapitel 14, so bietet es sich auch hier an, die Lösung zu Aufgabe 2 von einer Schülerin oder einem Schüler auf einer Folie festhalten zu lassen, weil sie auch zum Besprechen der Aufgabe 3 genutzt werden kann. Darüber hinaus könnte man sie auch in den folgenden Stunden einsetzen, wenn die Schülerkarikaturen vorgestellt werden. Und grundsätzlich fördert ein solches Vorgehen die Fähigkeiten von Lernenden, selbstständig Erarbeitetes vor der Klasse vorzutragen.

Lösungshinweise zu den Aufgaben im Schülerband

Seite 107, Aufgabe 1:

Vor der Bundestagswahl: Die großen Parteien nominieren einen Kandidaten oder eine Kandidatin.
Voraussetzung:
- belastbare, führungsstarke, machtbewusste Persönlichkeit
- erfolgreiche Karriere in Partei und staatlichen Funktionen

Nach der Bundestagswahl: Die Mehrheit der Bundestagsabgeordneten wählt eine Kanzlerin oder einen Kanzler.

Seite 107, Aufgabe 2:

Rechte der Kanzlerin/des Kanzlers — **Einschränkungen**

Kabinettsbildungsrecht ⟷ Koalitionspartnerinnen
- Zahl der Ministerien — stellen Minister/innen und nehmen Einfluss auf Inhalte
- ihre Aufgabenbereiche
- Auswahl der Minister/innen

Richtlinienkompetenz ⟷
- → Ressortprinzip
- → herausragende Stellung des Finanzministers
- → Kollegialprinzip
- Vertrauensfrage

Seite 107, Aufgabe 3:

- Verbraucherministerin stellt neue Legehennen-Verordnung vor: Ressortprinzip
- Angela Merkel trifft sich mit Regierungschefs, um die Euro-Rettung festzuzurren: Richtlinienkompetenz
- Koalitionsverhandlungen vor dem Scheitern: Kleinere Koalitionspartnerin pocht auf weiteres Ministerium: Einschränkung des Kabinettsbildungsrechts der Kanzlerin oder des Kanzlers durch Koalitionspartnerin
- Wirtschaftsminister widerspricht Regierungschefin: Steuern müssen gesenkt werden: Ressortprinzip und Kollegialprinzip
- Atomkraftausstieg bringt Zündstoff in die Koalition: Koalitionspartnerin nimmt ihren Einfluss wahr
- Förderung des Bio-Landbaus gefährdet – Finanzministerin verweigert Gelder: herausragende Stellung des Finanzministers/der Finanzministerin; Ressortprinzip

Seite 107, Aufgabe 4:

Die Karikatur stellt die Koalitionsgespräche zwischen CDU und SPD als Boxkampf dar. Beide Parteien gehen in den Ring (Assoziation zu „zähes Ringen"). Dabei wird scheinbar mit „harten Bandagen" gekämpft, darauf deuten die Boxhandschuhe, der Besen sowie der benötigte Erste Hilfe-Koffer.

Seite 107, Aufgabe 6:

Die Frage wird in der Wissenschaft unter Berücksichtigung der Persönlichkeit des jeweiligen Kanzlers beantwortet und kommt deshalb zu keinem eindeutigen und einhelligen Ergebnis. Als Diskussionsanregung könnte ein Zitat von Wolfgang Rudzio dienen: „Der in der deutschen Öffentlichkeit seit den fünfziger Jahren eingeführte und von der Politikwissenschaft übernommene *Begriff der ‚Kanzlerdemokratie' sucht sowohl die verfassungsrechtliche als auch die faktische Stellung eines starken Kanzlers zu bezeichnen* und damit ein Charakteristikum der deutschen Demokratie zu benennen. Alleinherrschaft wird damit aber nicht behauptet. Bei manchen Autoren bleibt der Begriff auf die exzeptionelle Konstellation der Ära Adenauer begrenzt. Demgegenüber spricht man für die Zeit nach Adenauer vielfach auch von einer ‚Koordinationsdemokratie', in der dem Kanzler nur eine koordinierende Rolle bleibt." (Rudzio, Wolfgang: *Das politische System der Bundesrepublik Deutschland*, 6. Auflage, Opladen 2003, S. 288 f.)

16. Der Bundespräsident: Mächtig – nur durch die Macht des Wortes? (S. 108–109)

Mögliche Stundenstruktur

Phase	Material		Methode/Sozialform
	Schülerband	Lehrerband	
Einstieg	M 2, S. 108; Aufgabe 1, S. 109		Unterrichtsgespräch
Erarbeitung/ Problematisierung	M 1, S. 108; Aufgaben 2 und 3, S. 109		Einzelarbeit/Partnerarbeit
Sicherung/ Problematisierung	M 3, S. 109; Aufgaben 4 und 5, S. 109		binnendifferenzierte Aufgabe; Unterrichtsgespräch
Weiterführung	M 4, S. 109; Aufgabe 6–8, S. 109	Arbeitsblatt „Keine Krone für den zahnlosen Tiger“	Unterrichtsgespräch: Pro-Kontra-Diskussion

Mögliche Variante

Phase	Material		Methode/Sozialform
	Schülerband	Lehrerband	
Einstieg	M 2, S. 108; Aufgabe 1, S. 109		Unterrichtsgespräch
Erarbeitung/ Problematisierung	M 1, S. 108; Aufgaben 2 und 3, S. 109		Einzelarbeit/Partnerarbeit
Sicherung/ Problematisierung		Arbeitsblatt „Amt des Bundespräsidenten abschaffen“	Unterrichtsgespräch
Weiterführung		Arbeitsblatt „Amt des Bundespräsidenten abschaffen“	Pro-Kontra-Diskussion

In der politischen Diskussion der letzten Jahre tauchte immer wieder die Forderung auf, den Bundespräsidenten direkt vom Volke zu wählen. Das haben wir in diesem Kapitel aufgegriffen. Argumente, die gegen die Direktwahl sprechen, finden Sie in Arbeitsblatt „Keine Krone für den zahnlosen Tiger“. Denkbar wäre, zunächst Aufgabe 7, S. 109 des Schülerbandes, zu stellen und erst auf Nachfrage das Arbeitsblatt auszuteilen, also binnendifferenziert vorzugehen.
In eine etwas andere Richtung weist der alternative Stundenvorschlag, weil er mit der Frage schließt, ob das Amt des Bundespräsidenten nicht ganz abgeschafft werden könnte und das Arbeitsblatt Anregungen gibt, wer seine Aufgaben dann übernehmen könnte.
Bei beiden Stunden wäre zu überlegen, die Schlussdiskussion von einer Schülerin oder einem Schüler leiten zu lassen. Zum einen bekommen die Lernenden dadurch die Gelegenheit, diese Fertigkeit zu trainieren, zum anderen belebt das den Unterricht.

M1 Keine Krone für den zahnlosen Tiger

Die Direktwahl des Bundespräsidenten wird immer dann diskutiert, wenn mal wieder eine Wahl ansteht. Sicher, das Wahlverfahren ist nicht sonderlich transparent. Da werden mehr als 1200 Wahlmänner und -frauen von den Parteien entsprechend ihrer Stärke in Bund und Landesparlamenten berufen. Und die stimmen dann geheim, aber wohl nicht immer frei, über die Kandidaten ab.

Überraschungen gibt es nicht. Es gewann bisher immer der Kandidat, dessen Lager schon rechnerisch die Mehrheit in der Bundesversammlung hat. Dieses Verfahren mag nicht besonders mitreißend sein, ist aber angemessen. Der Bundespräsident ist auf dem Papier das Staatsoberhaupt, hat aber nur viel zu sagen, doch faktisch nichts zu bestimmen. Er hat keinerlei gestalterische Macht. Und das ist gut so.

Das Prinzip der repräsentativen Demokratie würde auf den Kopf gestellt werden, sollte der Bundespräsident vom Volk direkt gewählt werden. Auch Prinzipien dürfen natürlich hinterfragt werden. In diesem Fall aber spricht viel dafür, das Amt nicht durch eine Direktwahl aufzuwerten.

Ein Bundespräsident, der sich auf eine erkleckliche Mehrheit im Volk berufen kann, der könnte, der müsste mehr zu tun haben, als nur die Abteilung „warme Worte" zu verwalten. Bis jetzt etwa prüft der Bundespräsident Gesetze nur dahingehend, ob sie verfassungskonform zustande gekommen sind. Es könnte ihm dann aber einfallen, auch inhaltlich Kritik zu üben, er könnte sich entschließen, aktiv in Gesetzgebungsprozesse einzugreifen. Wer würde das einem Amtsinhaber verwehren wollen, der eine größere demokratische Legitimation besäße als jeder andere staatliche Repräsentant inklusive des Kanzlers oder der Kanzlerin? Die Direktwahl würde somit das politische System der Bundesrepublik auf den Kopf stellen.

Nach: Thorsten Denkler, in: Süddeutsche Zeitung Online vom 17.5.2010

1 Erarbeitet Argumente gegen die Direktwahl des Bundespräsidenten.

✂ -

M1 Amt des Bundespräsidenten abschaffen

In einem Gespräch mit unserer Zeitung sagte der Direktor des Instituts für Öffentliches Recht der Universität Göttingen, Professor Hans Michael Heinig, es wäre besser, den Posten des Bundespräsidenten nicht wieder zu besetzen. [...] Er äußerte Bedenken, dass „überhaupt noch jemand die Rollen ausfüllen kann, die dem Amtsträger jenseits seiner Kompetenzen nach dem Grundgesetz zugedacht waren". Für ihn sei die Gesellschaft dafür zu vielfältig und zu schnelllebig. [...]

Der Jurist schlug vor, dass der Bundestagspräsident die verfassungsrechtlichen Aufgaben des Bundespräsidenten übernehmen solle. „Dank des üblichen Rotationsprinzips wird die Repräsentationskraft des Staatsoberhauptes deutlich gestärkt." Ein wachsames Auge auf die Tagespolitik solle der Bundestagspräsident haben und so als Korrektiv zu Kabinett und Kanzleramt auftreten. Das sei vielversprechender als einen „Superpolitiker" zu finden.

Der Verfassungsexperte Professor Bernhard Wegener schlug vor, dass die Repräsentationsfunktion durch die Kanzlerin und die Minister geleistet werden sollten. Vor allem entfalle das „unsägliche Prüfungsrecht" des Präsidenten vor dem Inkrafttreten neuer Gesetze. „Dieses Recht sollte grundsätzlich allein beim Verfassungsgericht liegen", forderte er. Das Karlsruher Gericht sei dafür institutionell besser geeignet als das Bundespräsidialamt. „Ohnehin ist das Prüfungsrecht des Bundespräsidenten in Reichweite und Grenzen fachlich schon lange umstritten."

Wie das Amt entspringe es der Fehlkonstruktion, auf einen „Ersatzmonarchen" nicht verzichten zu wollen, „weil man Volk und Parlament nicht vertraute". Auf dieses „pseudomonarchische Element" könne die Republik verzichten.

Neue Osnabrücker Zeitung vom 20.2.2012

1 Erarbeitet Argumente für die Abschaffung des Amtes des Bundespräsidenten.
2 Organisiert eine Pro-Kontra-Diskussion zu dieser Frage.

Lösungshinweise zu den Aufgaben im Schülerband

Seite 109, Aufgabe 2:

- völkerrechtliche Vertretung der Bundesrepublik
- „verkörpert die Verfassung“
- Er prüft, unterschreibt und fertigt die Gesetze aus. Dies ist jedoch eine rein formale Funktion. Bundeskanzler/in und zuständige Ministerinnen und Minister müssen immer gegenzeichnen.
- Vordenker in „langen Linien“
- Integrationssymbol
- Er wirkt durch die Kraft seiner Ideen, seiner Worte und seines Charismas.

Seite 109, Aufgabe 3:

Artikel 60:
- Ernennung und Entlassung der Bundesrichter, Bundesbeamten und Soldaten
- Begnadigungsrecht

Artikel 63:
- Nach der Wahl des Bundeskanzlers oder der -kanzlerin muss der Bundespräsident ihn oder sie nach sieben Tagen ernennen.
- Wenn die Wahl nicht gelingt, muss er den Bundestag auflösen.

Artikel 64:
- Ernennung und Entlassung der Bundesminister und -ministerinnen

Artikel 67:
- Wenn ein konstruktives Misstrauensvotum des Bundestages erfolgreich war, muss der Bundespräsident den Gewählten ernennen.

Artikel 68:
- Wenn einem Bundeskanzler oder einer Kanzlerin nicht das Vertrauen durch den Bundestag ausgesprochen wurde, dann kann der Bundespräsident auf Vorschlag des Kanzlers/Kanzlerin den Bundestag innerhalb von 21 Tagen auflösen.

Seite 109, Aufgabe 4:

Im Frühjahr 2012 wurde deutlich, dass der Rechtsextremismus in Deutschland aktiver war, als die politisch Verantwortlichen und der Verfassungsschutz meinten. Vor dem Hintergrund dieses Versagens muss die Mahnung Gaucks gewertet werden, die sich zugleich gegen religiösen Fanatismus richtet.
Wulffs Feststellung, der Islam gehöre zu Deutschland, regte 2010 eine kontroverse Debatte an.
Beiden Bundespräsidenten ist es gelungen, die Macht ihrer Worte zu nutzen.

Seite 109, Aufgabe 6:

- Das Interesse an dem und das Wissen über den Bundespräsidenten steigen.
- Viele politische Entscheidungsträger und -trägerinnen werden schon jetzt direkt gewählt. Hier liegt die Frage nahe, warum nicht auch der Bundespräsident direkt gewählt wird.
- Eine Direktwahl würde eine Politisierung des Amtes bewirken.
- Die Wählenden würden schon vor der Wahl über das politische Programm des Präsidenten informiert, d. h. welche Akzente er setzen und was er kritisieren werde.
- Die Legitimation des Bundespräsidenten nehme zu. Sie wäre sogar größer als die des Kanzlers.

Seite 109, Aufgabe 7:

Vergleichen Sie hierzu das Arbeitsblatt „Keine Krone für den zahnlosen Tiger“ und die dort aufgeführten Lösungsvorschläge.

Lösungshinweise zu den Arbeitsblättern

Zu Aufgabe 1:

- „Der Bundespräsident ist auf dem Papier das Staatsoberhaupt, hat aber nur viel zu sagen, doch faktisch nichts zu bestimmen. Er hat keinerlei gestalterische Macht.“
- „Das Prinzip der repräsentativen Demokratie würde auf den Kopf gestellt werden“, weil er dann mehr demokratische Legitimation als der Kanzler hätte.
- Die Folge: Ein Bundespräsident, der sich auf eine Mehrheit im Volk berufen kann, müsste mehr Kompetenzen haben. „Bis jetzt etwa prüft der Bundespräsident Gesetze nur dahingehend, ob sie verfassungskonform zustande gekommen sind. Es könnte ihm dann aber einfallen, auch inhaltlich Kritik zu üben, er könnte sich entschließen, aktiv in Gesetzgebungsprozesse einzugreifen.“

Zu Aufgabe 1:

- Da die Gesellschaft mittlerweile sehr „vielfältig“ und „schnelllebig“ sei, fragt Professor Hans Michael Heinig, ob „überhaupt noch jemand die Rollen ausfüllen kann, die dem Amtsträger jenseits seiner Kompetenzen nach dem Grundgesetz zugedacht waren“.

- Heinigs Vorschlag: Der Bundestagspräsident solle die verfassungsrechtlichen Aufgaben des Bundespräsidenten übernehmen. „Dank des üblichen Rotationsprinzips wird die Repräsentationskraft des Staatsoberhauptes deutlich gestärkt."
- „Verfassungsexperte Professor Bernhard Wegener schlug vor, dass die Repräsentationsfunktion durch die Kanzlerin und die Minister geleistet werden sollten."
- Das Prüfungsrecht neuer Gesetze solle vom Verfassungsgericht übernommen werden.
- Der Bundespräsident sei ein „Ersatzmonarch", „weil man Volk und Parlament nicht vertraute". Auf dieses „pseudomonarchische Element" könne die Republik verzichten.

17. Das Bundesverfassungsgericht – Hüter der Verfassung? (S. 110–111)

Mögliche Stundenstruktur

Phase	Material Schülerband	Methode/Sozialform
Einstieg/Erarbeitung	M 1, S. 110 und Randspalte, S. 111; Aufgabe 2, S. 111	Einzelarbeit/ Unterrichtsgespräch
Problematisierung	Aufgabe 3, S. 111	Pro-Kontra-Debatte
Sicherung	Infotext, S. 110; Aufgabe 1, S. 111; M 2, S. 111; Aufgabe 4, S. 111	Unterrichtsgespräch
Weiterführung	M 3, S. 111; Aufgaben 5 und 6, S. 111	Unterrichtsgespräch

Zum Einstieg kann das Fallbeispiel in M 1 genutzt werden, das das grundsätzliche Problem des Kopftuchstreites verdeutlicht. Zur Klärung des Sachverhaltes bietet es sich an, die Rekonstruktion des Verlaufs des Konfliktes (M 1) anzuschließen und die Aufgaben des Bundesverfassungsgerichts (Infotext S. 110) gemeinsam mit dem konkreten Urteil (M 2) zu behandeln. Abschließend kann grundsätzlich über die verschiedenen Charakterisierungen des Gerichtes (M 3) gesprochen werden und über die Frage, wie gerechtfertigt sie sind.

Lösungshinweise zu den Aufgaben im Schülerband

Seite 111, Aufgabe 1:

Aufgaben des Bundesverfassungsgerichtes:
- Hüter der Verfassung

Entscheidung über *Verfassungsbeschwerden* von Bürgern und Bürgerinnen, die sich in der Wahrnehmung ihrer Grundrechte verletzt sehen

Entscheidung über *Organstreitigkeiten*, d. h. über Konflikte zwischen Verfassungsorganen, z. B. Bundesrat und Bundestag
- *Normenkontrolle*: Überprüfen der Verfassungskonformität von Gesetzen

Kritik am Bundesverfassungsgericht:
- Kompetenzüberschreitung, weil es dem Gesetzgeber z. B. zu detaillierte Vorgaben mache

Einwand gegen diese Kritik:
- Das Gericht kann nicht von sich aus aktiv werden, es muss angerufen werden.

Seite 111, Aufgabe 2:

1998: Beginn des Kopftuchstreites
Anlass
Das Oberschulamt Stuttgart stellt Frau Ludin nicht als Grundschullehrerin an, weil Ludin während des Unterrichts das Kopftuch tragen will.
Begründung
Weil Ludin durch ihre so gezeigte Haltung Schüler/innen beeinflussen könnte, sei das Neutralitätsgebot der Schule in Gefahr.

↓

Klage Ludins
Durch die Haltung des Oberschulamtes werde ihr Recht auf die „ungestörte Religionsausübung", Artikel 4 GG, verletzt.

↓

2002: Entscheidung des Bundesverwaltungsgerichts
Ludin hat Unrecht, weil das Neutralitätsgebot über der Religionsfreiheit stehe.

↓

2003: Entscheidung des Bundesverfassungsgerichts
Der Entscheidung der Schulämter muss ein Gesetz zugrunde liegen.

↓

2004: Gesetz des Landtages von Baden-Württemberg
Der Landtag verabschiedet ein Gesetz, das Lehrerinnen das Tragen eines Kopftuches während des Unterrichts verbietet.

↓

2009: endgültige Entscheidung des Bundesverwaltungsgerichts
Das Gericht weist die Beschwerde einer Lehrerin zurück, die im Unterricht ein Kopftuch tragen wollte. Der Fall aus Baden-Baden, wo Ordensschwestern in einer Schule im Habit unterrichten, sei historisch bedingt und atypisch.

Seite 111, Aufgabe 3:

Denkbare Argumente für ein Verbot des Kopftuches:
- Das Neutralitätsgebot der Schule muss eingehalten werden.
- Aber: Der Erziehungsauftrag der Schulen sieht die Vermittlung von christlichen und abendländischen Werten und Traditionen vor; deren Darstellung widerspricht nicht dem Neutralitätsgebot.
- Der Schulfrieden darf nicht gefährdet werden.
- Manche Frauen werden zum Tragen des Kopftuches gezwungen. Wenn unsere Gesellschaft das toleriert, werden ihnen Grundrechte vorenthalten.

Denkbare Argumente gegen ein Kopftuchverbot
- Die Religionsfreiheit des Grundgesetzes gilt für alle Kirchen: Der Staat muss alle schützen.
- Das Kopftuch bietet muslimischen Frauen die Möglichkeit, ihren Glauben öffentlich zu bezeugen.
- Alle Religionen müssen gleichbehandelt werden: Wenn das Kopftuch verboten wird, muss dies auch für die Mönchskutte oder das Nonnenkleid gelten.
- Jeder Fall muss individuell geprüft werden, ein generelles Verbot hilft nicht weiter.
- Das Verbot träfe gerade die muslimischen Frauen, die sich emanzipieren und berufstätig sein wollen.

Seite 111, Aufgabe 4:

- Die religiöse-weltanschauliche Neutralität des Staates sei im Sinne einer offenen und übergreifenden, die „Glaubensfreiheit für alle Bekenntnisse gleichermaßen fördernden Haltung zu verstehen".
- Christliche Bezüge seien nicht grundsätzlich verboten.
- Schulen müssen aber auch für „andere weltanschauliche und religiöse Inhalte und Werte offen sein".
- Die Länder haben umfassende Gestaltungsfreiheit im Schulwesen.
- Das Spannungsverhältnis zwischen der Glaubensfreiheit der Lehrenden und der „staatlichen Pflicht zu weltanschaulicher Neutralität" müssen die Landesgesetzgeber lösen.
- Es sei akzeptabel, wenn die Länder hier zu unterschiedlichen Regelungen (auch Gesetzen) kommen.

Seite 111, Aufgabe 5:

Positive Charakterisierungen des Bundesverfassungsgerichtes:
- Hüter der Verfassung
- Garant der rechts- und sozialstaatlichen Demokratie, des Bundesstaates, der Verfassungsordnung insgesamt

Negative Charakterisierungen und Warnungen:
- Ersatzgesetzgeber
- Gericht bleibe nicht bei seiner Rolle als Hüter, sondern formuliere Weisungen für die konkrete inhaltliche Ausgestaltung der Gesetze
- Verfassung müsse vor ihren Wächtern geschützt werden.
- Wandler der Verfassung

In den letzten Jahren ist ein Trend staatlicher Organe zu erkennen, vermehrt politische Probleme erst durch das Verfassungsgericht klären zu lassen, bevor Gesetze oder Verordnungen erlassen werden (etwa Hartz IV). Dabei formuliert das Gericht oftmals sehr konkrete Vorgaben, z. B. zum Bundeswahlgesetz, bei dem es vorgibt dass höchstens 15 Überhangmandate verfassungskonform seien.

Seite 111, Aufgabe 6:

Am besten würden die Charakterisierungen „Hüter der Verfassung", und „Garant der rechts- und sozialstaatlichen Demokratie" passen. Da das Gericht jedoch auch vorgab, dass vom Landtag eine gesetzliche Grundlage geschaffen werden musste, könnte auch die Bezeichnung „Ersatzgesetzgeber" akzeptiert werden.

18. Extremismus – Gefahr für die Demokratie (S. 112–115)

Mögliche Stundenstruktur

Erste Stunde

Phase	Material Schülerband	Methode/Sozialform
Einstieg	Aufgabe 1, S. 112	Unterrichtsgespräch
Erarbeitung/ Problematisierung	Infotext und M 1, S. 112; Aufgabe 2, S. 112	Einzelarbeit
Sicherung	M 2, S. 113	Unterrichtsgespräch
Weiterführung	M 3, S. 113	Einzelarbeit als HA

Zweite Stunde

Phase	Material Schülerband	Methode/Sozialform
Einstieg	M 6, S. 114; Aufgabe 2, S. 115	Unterrichtsgespräch
Erarbeitung/ Problematisierung	M 3, S. 113	Unterrichtsgespräch: besprechen der HA
Sicherung	M 4–5, S. 114; Aufgabe 1, S. 115	Einzelarbeit/Partnerarbeit
Weiterführung	M 7, S. 115; Aufgabe 3, Aufgaben 8–9	Unterrichtsgespräch

Aufgrund der Erkenntnisse über die Intensität rechtsextremer Haltungen in der Bundesrepublik und der Gewalttaten, die in ihnen gründen, schien es uns notwendig, ein Kapitel diesem Problem zu widmen. Neben der grundsätzlichen Klärung, was unter Extremismus verstanden wird und welche Ursachen und Ausprägungen (M 1 und 2) er hat, hielten wir es für sinnvoll, den Blick der Lernenden auch für ausländerfeindliche und antisemitische Einstellungen zu schärfen (M 4 und 5). In M 7 kommt eine Angehörige der NSU-Opfer zu Wort. Ihr Plädoyer, gemeinsam eine Lösung zu finden, kann Anlass sein, ein Beispiel für couragiertes Verhalten (M 8) zu diskutieren und vielleicht – davon ausgehend – eigene Aktionen zu überlegen.

Lösungshinweise zu den Aufgaben im Schülerband

Seite 112, Aufgabe 2:

Extremismus: wenn bei Individuen, Parteien, Vereinen oder anderen Gruppierungen Bestrebungen zu erkennen sind, die sich gegen Grundlagen der Verfassungsordnung der Bundesrepublik richten
Radikalismus: Haltung, bei der nicht eindeutig zu bestimmen ist, ob sie noch demokratisch oder schon extremistisch ist; er gilt als noch nicht verfassungsfeindlich.
Kennzeichen: Missachten von Menschenrechten, Artikel 3 GG, oder Verstöße gegen Artikel 20 (die Gewaltenteilung), Artikel 21
Formen: Rechts- und Linksextremismus sowie religiöser Fundamentalismus

Gemeinsam ist ihnen die Überzeugung, die Welt lasse sich nur durch Gewalt so verändern, dass sie ihren Vorstellungen entspreche. Auch Vorgehensweisen und Aktionsformen zur Durchsetzung ihrer Ziele sind ähnlich – bis hin zu Terroranschlägen.

Unterschiede:
Rechtsextreme schließen andere Menschen aus, weil sie Politik, Rechte und Lebensmöglichkeiten auf ein Volk oder eine „Rasse" begrenzen wollen.
Linkextreme kritisieren vor allem Ungerechtigkeiten und greifen gesamtgesellschaftliche Fragen auf, wie soziale Ungleichheit oder die Gefahren, die vom „Kapital" ausgehen. Das sind Probleme, die auch in der Gesellschaft diskutiert werden. Zu Extremisten werden sie also nicht durch die Wahl der Themen, sondern weil sie meinen, sie nicht in dem Rahmen lösen zu können, den unser politisches System setzt; deshalb greifen sie z. B. zu Gewalt.
Religiöse Fundamentalisten stellen die Glaubenssätze, die ihnen ihre Religion vorgibt, über die Prinzipien der Verfassung und wollen die Gesellschaft entsprechend umformen. Sie richten sich gegen die Dominanz des Westens in der Welt und haben das Ziel, überall dort, wo Muslime leben, einen Gottesstaat zu errichten, basierend auf der Scharia.

Seite 113, Aufgabe 3:

Autoritarismus:
- freiwillige Unterordnung bzw. Unterwerfung unter Stärkere und die Neigung zur Unterdrückung Schwächerer
- Schwächere sowie Außenseiter und Fremde werden häufig als Verursacher von persönlichen und/oder gesellschaftlichen Problemen gesehen.

Nationalismus:
- Überwertung der eigenen Nation bei gleichzeitiger Herabsetzung anderer Nationen

Fremdenfeindlichkeit:
- Benachteiligung, Ausgrenzung und Abwertung Fremder

Rassismus:
- Vorstellung von einer angeblich naturgegebenen Minderwertigkeit anderer und der entsprechenden Höherwertigkeit der eigenen Gruppe

→ Folge: Diesen Menschen werden die Menschen-, Freiheits- und Gleichheitsrechte abgesprochen.

Antisemitismus:
- Feindschaft gegenüber Juden, die als Angehörige einer minderwertigen „Rasse" verunglimpft werden

Pro-Nazismus:
- Einstellung, die die Nazi-Diktatur verharmlost, rechtfertigt oder verherrlicht

Seite 113, Aufgabe 4:

Die formulierten Aussagen können sich auf die Unterschiede zwischen 2009 und 2010 beziehen oder auf Differenzen zwischen den alten und neuen Bundesländern.

Seite 115, Aufgabe 1:

Zeile 1 ff.: Die Zahlen seien mit hohen **Dunkelziffern** belastet, da viele Taten und Ereignisse aus den unterschiedlichsten Gründen bei der Polizei nicht registriert werden.
Zeile 5 f.: **Ursachen** hierfür: Die Angst der Betroffenen hindere sie daran, die Taten anzuzeigen.
Zeile 12 ff.:Die Zahlen lassen **kaum Rückschlüsse** auf die tatsächliche Verbreitung extremen Gedankenguts zu. Denn: Antisemitische, rassistische, exkludierende und menschenfeindliche Einstellungen seien sehr viel weiter verbreitet, als es eine Kriminalitätsstatistik abbilden könne.
M 5 belegt diese Analyse, denn es zeigt, dass gut ein Drittel der Bevölkerung ausländerfeindliche Einstellungen vertritt, wobei sie im Osten noch häufiger als im Wesen geäußert werden.

Seite 115, Aufgabe 2: Herausgearbeitet werden sollte, dass sich die Wellen zum Hitlergruß formieren und zudem das Hakenkreuz tragen. Der vereinzelte Mann scheint mit seinem kleinen Regenschirm keine Chance gegen die Urgewalt „Rechtsextremismus“ zu haben.

Seite 115, Aufgabe 3:

Semiya Simseks Fragen:

Zeile 1/9: „Soll ich gehen?“
Zeile 4: „Bin ich in Deutschland zu Hause?“
Zeile 5 ff.: „Aber wie soll ich mir dessen noch gewiss sein, wenn es Menschen gibt, die mich hier nicht haben wollen.“
Zeile 10 ff.: „[S]oll ich mich damit trösten, dass wahrscheinlich nur Einzelne zu solchen Tagen bereit sind?“

Ihre Antworten:

Zeile 14 ff.: „In unserem Land, in meinem Land, muss sich jeder frei entfalten können. Unabhängig von Nationalität, Migrationshintergrund, Hautfarbe, Religion, Behinderung, Geschlecht oder sexueller Orientierung.
Zeile 18 ff.: „Lasst uns nicht die Augen verschließen und so tun, als hätte wir dieses Ziel schon erreicht.“
Zeile 21 f.: „[J]eder Einzelne von uns ist gefordert.“
Zeile 24 ff.: „Lasst uns verhindern, dass das auch anderen Familien passiert. Wir alle gemeinsam zusammen, nur das kann die Lösung sein.“

19. Gewaltenteilung – warum eigentlich? (S.116–119)

Mögliche Stundenstruktur

Erste Stunde

Phase	Material Schülerband	Methode/Sozialform
Einstieg	Karikatur, S. 116; Aufgabe 1, S. 117	Unterrichtsgespräch
Erarbeitung/ Problematisierung	M 1–4, S.116 f.; Aufgabe 2–4, S. 117	Einzelarbeit/ Unterrichtsgespräch
Sicherung	M 3 und 4, S. 116 f.; Aufgabe 5, S. 117	Partnerarbeit/ Unterrichtsgespräch
Weiterführung	Aufgabe 6, S. 117	Hausaufgabe: Schaubild zeichnen

Zweite Stunde

Phase	Material Schülerband	Methode/Sozialform
Einstieg		Unterrichtsgespräch
Erarbeitung/ Problematisierung	M 4, S. 117; Aufgabe 6, S. 117	Besprechen der HA: Schaubild zeichnen
Sicherung	M 5, S. 118; Aufgabe 1, S. 119	binnendifferenzierte Einzelarbeit
Weiterführung	M 6, S. 119; Aufgaben 2–4, S. 119	Unterrichtsgespräch

Nachdem sich die Lernenden in den vorangegangenen Stunden ausführlich mit den Verfassungsorganen beschäftigt haben, sind sie nun in der Lage, sich mit dem eher abstrakten Thema „Gewaltenteilung“ auseinanderzusetzen. Im Zentrum der ersten Stunde steht das Anliegen, die vielfach durch den Geschichtsunterricht schon eingeführte Dreiteilung der Gewalten zu differenzieren und durch einen Blick auf ihre Balance und Verschränkung zu erweitern (M 1 bis 3). In der zweiten Stunde wird – nach einer Erarbeitungsphase – ein Blick in der Verfassungswirklichkeit geworfen (M 6) und mit einer verallgemeinernden Diskussion geschlossen, die Inhalte aus vorhergehenden Kapiteln aufgreift.

Lösungshinweise zu den Aufgaben im Schülerband

Seite 117, Aufgabe 1: Der Regen symbolisiert die Gefahren, die von einer „zusammengeballten" Staatsmacht ausgehen könnten, die nicht der Kontrolle sich gegenseitig beschränkender Instanzen im Rahmen der Gewaltenteilung unterworfen wäre. Die/der Einzelne wäre gegen willkürliche staatliche Akte machtlos, z. B. gäbe es nicht die Möglichkeit, sich an das Bundesverfassungsgericht zu wenden, wenn man sich in seinen Grundrechten verletzt sieht. Auch bezüglich der Gesetzgebung wären Willkürakten Tür und Tor geöffnet.

Seite 117, Aufgabe 2: Die drei von Montesquieu genannten Gewalten finden sich in Artikel 20,2 wieder.

Seite 117, Aufgabe 3: Die drei Teile des Schirms könnten die Gesetzgebung, die vollziehende Gewalt und die Rechtsprechung symbolisieren, die gemeinsam die Einzelne/den Einzelnen vor einer möglicherweise zu starken Staatsmacht schützen.

Seite 117, Aufgabe 6: Wahrscheinlich wird es sinnvoll sein, zwei Schaubilder zu zeichnen.

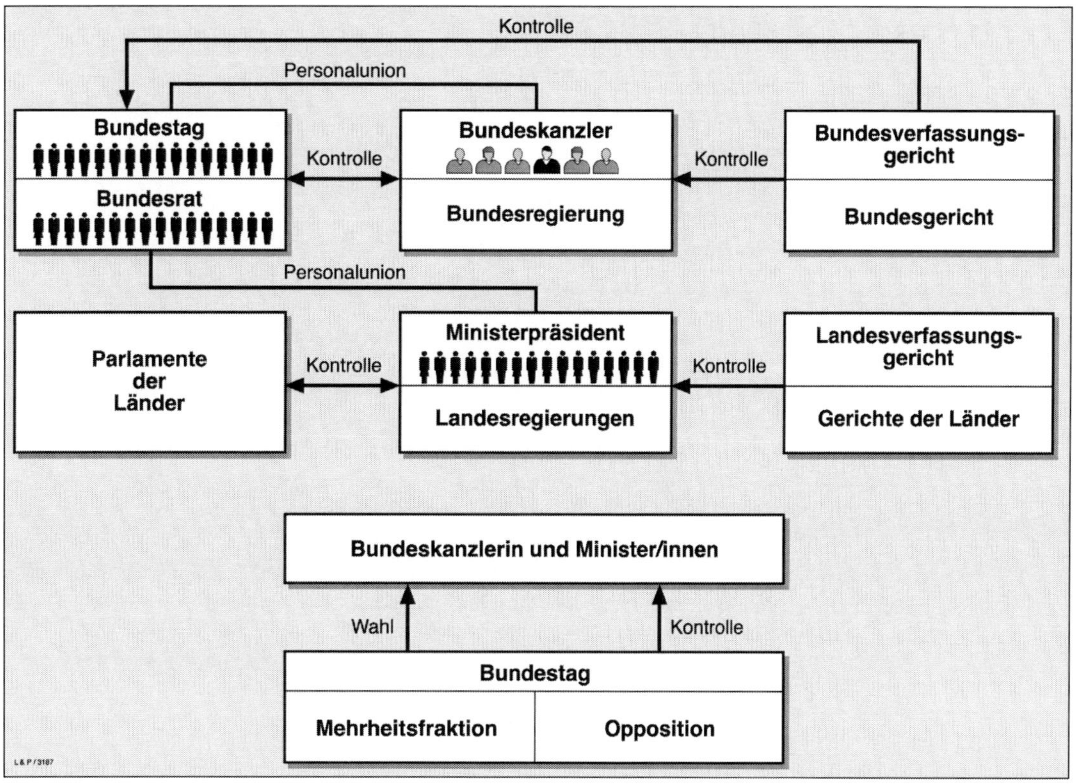

Seite 119, Aufgabe 1:

1. Nach Art. 21, 2 entscheidet das Bundesverfassungsgericht, nicht die Regierung über die Verfassungswidrigkeit einer Partei.
2. Die beiden Ämter sind unvereinbar.
3. Ein Kanzler kann nur durch ein konstruktives Misstrauensvotum, d. h. durch die gleichzeitige Wahl eines Nachfolgers gestürzt werden.
4. Das geht.
5. Unvereinbar.
6. In Ordnung.
7. In Ordnung.
8. Das widerspricht dem Gewaltenteilungsprinzip, Art. 20,2. Eventuell könnte auch Art. 97,1, die richterlicher Unabhängigkeit, herangezogen werden.
9. Dies widerspricht der richterlichen Unabhängigkeit.
10. In Ordnung.
11. In Ordnung – doch die Freundschaft sollte nicht die einzige Qualifikation für ein Ministeramt sein.
12. Das liegt außerhalb seiner Befugnisse.

Seite 119, Aufgabe 2:

Die Gewaltenteilung hinke, denn:

- In der Bundesrepublik kontrolliere nicht das Parlament insgesamt, sondern nur die Opposition. Die Bundestagsmehrheit sei ein „Instrument der Machterhaltung und Machtausübung für die Regierung und deshalb außerstande, diese wirksam zu kontrollieren".
- Die Opposition könne sich mit ihren Argumenten lediglich an die Öffentlichkeit wenden in der Hoffnung, die nächsten Wahlen zu gewinnen.
- Es gebe zwar neue „Gegengewichte", etwa die Gerichte, die Parteien versuchten sie aber „gleichzuschalten", indem sie sie mit ihnen genehmen Personen besetzten.
- Die Parteien hätten sich auch des Bundesrates „bemächtigt": Blockaden des Bundesrates werden aus parteipolitischen Gründen ausgeübt, anstatt die „Träger der Macht zu größerer inhaltlicher Richtigkeit zu bewegen".

Seite 119, Aufgabe 4:

Hier können die Argumente aufgegriffen und neu bewertet werden, die in Kapitel 4: Demokratie – Herrschaft des Volkes erarbeitet wurden.

Kompetent? (S. 120–121)

Mögliche Stundenstruktur

Phase	Material Schülerband	Methode/Sozialform
Erarbeitung	Aufgabe 1, S. 120	Einzelarbeit
Problematisierung	Podiumsdiskussion, S. 121	Podiumsdiskussion
Weiterführung	Leitfrage: „Wer hat denn nun die Macht im Staate?"	Abschlussrunde

Ziel der Seiten ist es, alle Aspekte noch einmal aufzugreifen, die in den vergangenen Kapiteln erarbeitet wurden, die Lernenden dadurch anzuregen, die doch sehr komplexen Inhalte zu wiederholen und sie in einer Mindmap für sich zu strukturieren. Die Grafik mag dabei helfen. Diese Aufgabe dient auch als Vorbereitung für die sich anschließende Podiumsdiskussion.
Mit ihr soll das bislang zum politischen System Gelernte unter einer problemorientierten Frage zusammengefasst und diskutiert werden. Damit die Debatte effektiv ist, muss die Klasse Muße für die Wiederholung des Stoffes haben. Deshalb sollte ausreichend Zeit für das Besprechen der Mindmap und für das Einarbeiten in die Rollen eingeplant werden.
Im Anschluss daran sollte noch eine Abschlussrunde über die Ergebnisse der Diskussion, wer denn nun die „Macht im Staate" habe, stattfinden.

Lösungshinweise zu den Aufgaben im Schülerband

Seite 120, Aufgabe 1: **Mindmap: Demokratie in Deutschland**

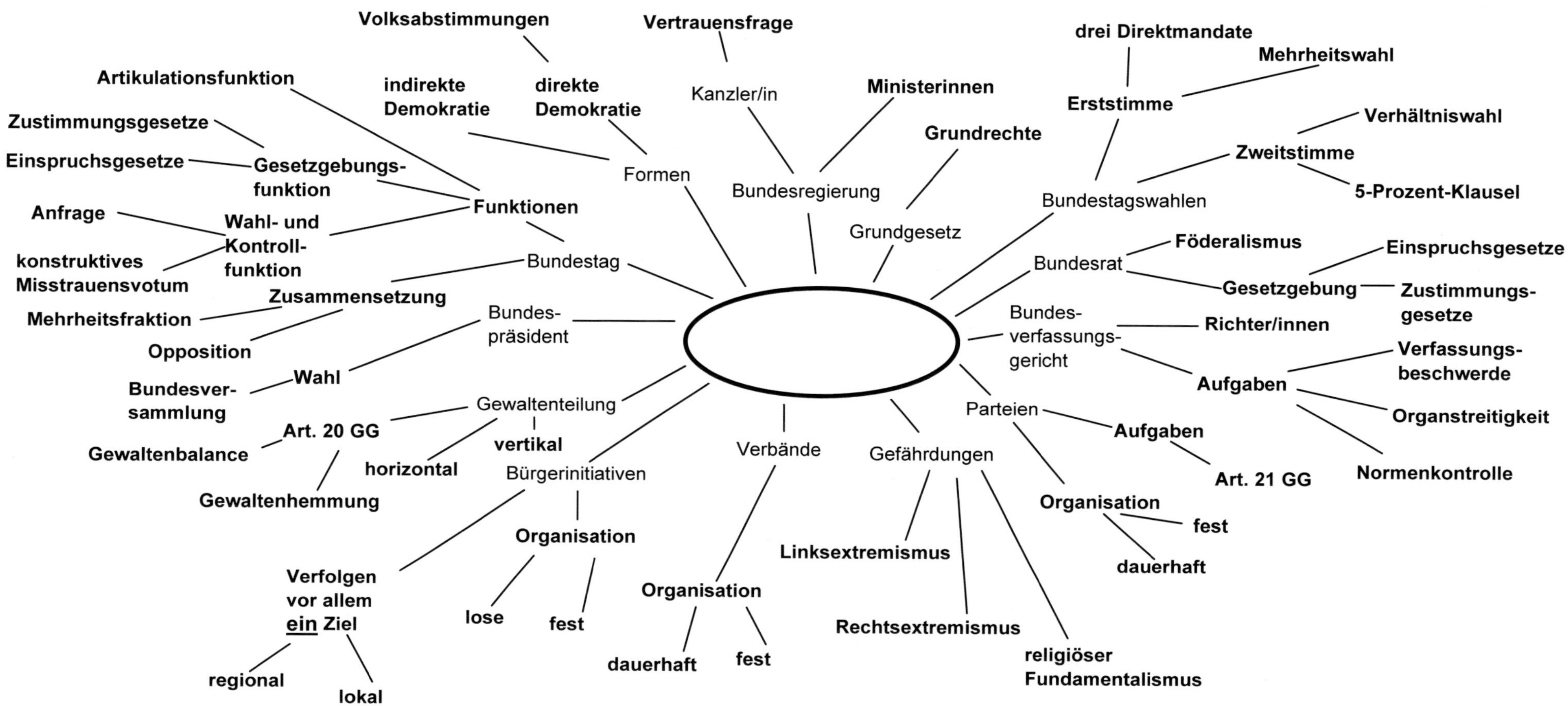

Zwischen Information und Inszenierung – Medien in der Demokratie

Vorbemerkungen zur Unterrichtseinheit

Im Kapitel „Der politische Willensbildungs- und Entscheidungsprozess in der Bundesrepublik Deutschland" sieht der Bildungsplan für die Klassen 9 und 10 die Beschäftigung mit den Massenmedien vor. Sie sollen mit Blick auf ihre Bedeutung für die politische Öffentlichkeit behandelt werden. Aufgrund dieser Bedeutung, sowohl bei der Meinungsbildung als auch bei der Kontrolle der politischen Akteure, werden sie in einem eigenen Kapitel behandelt.

Die Schülerinnen und Schüler sollen aber auch die Rolle der Medien bei ihrer eigenen Lebensorientierung und -gestaltung erkennen. Medien spielen für Jugendliche eine große Rolle. Während politische Institutionen für die Jugendlichen weit weg erscheinen (sie selbst dürfen noch nicht wählen und nur wenige von ihnen verfolgen tagespolitische Ereignisse), sind sie mit Massenmedien scheinbar vertraut. Unterricht, der „Medienkompetenz" vermitteln will, verstanden als die Fähigkeit, die Produkte der Medienwelt einordnen und gezielt nutzen zu können, holt die Schüler da ab, wo sie Anknüpfungspunkte zu eigenen Interessen sehen, ohne jedoch auf politische Bildung zu verzichten und sich in bloßem Vergleich von Mediennutzungsgewohnheiten zu ergehen. Das Kapitel verbindet deshalb Orientierungswissen (Wie funktionieren Medien?) mit Anwendungswissen (Wie helfen mir Medien, meine Rolle als mündiger Bürger wahrzunehmen?).

Die Jugendlichen sollen sich zunächst ihr eigenes Nutzungsverhalten bewusst machen, das wahrscheinlich größtenteils eher der Unterhaltung als der Information dient (Kapitel 1). Sie lernen Medienarten und Aufgaben von Medien zu unterscheiden (Kapitel 2). Interessant, gerade in Anschluss an die vorhergehende Einheit „Demokratie in Deutschland" sind die Fragen danach, in welcher Beziehung Medien und Politik stehen und wie diese Beziehung geregelt werden sollte und tatsächlich geregelt ist (Kapitel 3).

Auch eine Sensibilität für öffentlichen Sprachgebrauch (Kapitel 4) und Unterschiede zwischen Qualitäts- und Boulevardzeitungen (Kapitel 5) werden den Schülerinnen und Schülern vermittelt, Themen, die sich auch für fächerübergreifenden Unterricht mit dem Fach Deutsch anbieten.

Die Schülerinnen und Schüler sollen aber auch erkennen, was hinter einzelnen Meldungen steht, die tagtäglich im Fernsehen und in Zeitungen erscheinen. Sie treten aus ihrer bloßen Rolle als Konsumenten heraus und verstehen die Hintergründe der Medienlandschaft besser, erfahren, warum eine Nachricht eine Nachricht ist und warum einige Themen häufiger medial berücksichtigt werden als andere (Kapitel 6). Die Arbeitsweise der Medien wird anschließend noch dahingehend auf den Prüfstand gestellt, an welche Regeln sich Journalisten halten sollten (Kapitel 7). Zuletzt wird auch die zunehmende Bedeutung des Internets behandelt und wie sie das Verhältnis zwischen Politik und Bürgern verändert (Kapitel 8).

Literaturhinweise

Baacke, Dieter (Hrsg.): *Medienpädagogik*, Bonn 2004

Beuthner, Michael; Weichert, Stephan (Hrsg.): *Die Selbstbeobachtungsfalle: Grenzen und Grenzgänge des Medienjournalismus,* Wiesbaden 2005

Blum, Roger; Bonfadelli, Heinz; Imhof, Kurt; Jarren, Otfried (Hrsg.): *Krise der Leuchttürme öffentlicher Kommunikation: Vergangenheit und Zukunft der Qualitätsmedien*, Wiesbaden 2011

Bundeszentrale für politische Bildung (Hrsg.): *Handbuch Medienarbeit – Medienanalyse, Medieneinordnung, Medienwirkung*, Opladen 1991

Dörner, Andreas und Ludgera Vogt (Hrsg.): *Unterhaltungsrepublik Deutschland: Medien, Politik und Entertainment*, Bonn 2012.

Emmer, M., G. Vowe und J. Wolling: *Bürger online. Die Entwicklung der politischen Online-Kommunikation in Deutschland*, Bonn 2012.

Meyn, Hermann: *Massenmedien in der Bundesrepublik Deutschland*, Konstanz 2004.

Passig, Kathrin und Sascha Lobo: *Internet. Segen oder Fluch*, Bonn 2013

Postman, Neil: *Wir amüsieren uns zu Tode: Urteilsbildung im Zeitalter der Unterhaltungsindustrie*, Frankfurt 2008.

Wilke, Jürgen; Schulz, Winfried; Noelle-Neumann, Elisabeth (Hrsg.): *Fischer Lexikon Publizistik*, Frankfurt 2009

Zeitschriften

Bundeszentrale für politische Bildung: Aus Politik und Zeitgeschichte 29–31/2012: Qualitätsjournalismus
Bundeszentrale für politische Bildung: Informationen zur Politischen Bildung 309: Massenmedien
Bundeszentrale für politische Bildung: Themenblätter im Unterricht 91: Sprache und Politik
Landeszentrale für politische Bildung Baden-Württemberg: Politik & Unterricht 1/2013: Kommunikation und Politik. Sprechen – verstehen – handeln
Praxis Politik 2/2012: Wortmächtig. Text und Politik

Links im Internet

Bildblog: *www.bildblog.de*
Bund deutscher Zeitungsverleger: *www.bdzv.de*
Bundeszentrale für politische Bildung: *www.bpb.de*
Deutscher Presserat: *www.presserat.de*
Dokumentationszentrum der Hochschule für Angewandte Wissenschaften Hamburg: *www.anstageslicht.de*
Kommission zur Ermittlung der Konzentration im Medienbereich: *www.kek-online.de*
netzwerk recherche e.V. : *www.netzwerkrecherche.de*

Filmtipps

Die Unbestechlichen (All the President's Men) USA, 1976: Film über die Aufdeckungsarbeit der Journalisten der Washington Post im Zuge der Watergate-Affäre.

Free Rainer A,D, 2007: Mediensatire über den Verfall der Fernsehqualität.

Wag the Dog – Wenn der Schwanz mit dem Hund wedelt (Wag the Dog) USA, 1997: Satire über die Möglichkeit, die Öffentlichkeit und Wahlen durch die mediale Inszenierung fiktiver Ereignisse zu manipulieren

Lernwege

Querverweise	Inhalt	Handlungsorientierte Methoden
	0. Auftaktseite	
	1. Wie wichtig sind Medien für Jugendliche?	Umfragen durchführen und vergleichen
Politik im Netz, S. 138 f. freiheitliche, demokratische Grundordnung, S. 84	2. Die Aufgaben der Medien in der Demokratie	
	3. Politik und Medien – wer dominiert hier wen?	Leserbrief gestalten
	4. Politik und Sprache	Internetrecherche, Rede verfassen und halten
Die Aufgaben der Medien in der Demokratie, S. 126 f.	5. Zeitungsvergleich – wer berichtet wie?	Zeitungen vergleichen
	6. Woher kommen die Nachrichten?	Redaktionskonferenz
	7. Im Auftrag der Pressefreiheit – dürfen Medien alles?	Pressekodex
	8. Politik im Netz –Chance oder Gefahr für die Demokratie?	Poster-Chat
	KOMPETENT ?	Karikaturanalyse

1. Wie wichtig sind Medien für Jugendliche? (S. 124–125)

Mögliche Stundenstruktur

Phase	Material Schülerband	Methode/ Sozialform
Einstieg	Auftaktseite M 1, S. 124, Aufgabe 1	Einzelarbeit/ Unterrichtsgespräch
Erarbeitung	M 2, S. 125, Aufgabe 2	Unterrichtsgespräch
Problematisierung	M 3, S. 125; M 4 Aufgabe 3+4	Gruppenarbeit/ Unterrichtsgespräch
Weiterführung	Aufgabe 5, S. 125	Unterrichtsgespräch

Zu Beginn der Einheit wird das Mediennutzungsverhalten der Jugendlichen hinterfragt. Ausgehend von Luhmanns These auf der ersten Doppelseite soll die Bedeutung der Medien in ihrem Alltag erarbeitet. Es soll untersucht werden wie sie unser Verhalten und die Entwicklung von Jugendlichen beeinflussen. Die JIM-Studie von 2011 dient dabei als Vergleichsmöglichkeit und Muster für die zu erstellende Grafik über die eigene Einschätzung der Wichtigkeit von Medien (Aufgabe 1). Auf diese Weise üben die Schülerinnen und Schüler anhand selbst erstellter Diagramme auch das Erstellen und die Analyse von Statistiken (siehe auch Mensch & Politik, Band 1 für Klasse 8).
Im ersten Teil der Doppelseite steht die Beschreibung des Ist-Zustandes in der Klasse im Vordergrund. Anschließend geht es im zweiten Teil um eine Bewertung des Mediennutzungsverhaltens am Beispiel der von Jugendlichen bevorzugten Fernsehprogramme. Oft wird in diesem Zusammenhang der Niedergang von Anspruch und Qualität im Fernsehen bemängelt. Jugendliche sähen nur noch Programme, die ihnen die falschen Werte vermittelten, wie „Germany's next Topmodel" oder „Deutschland sucht den Superstar". Bei der Aufnahme dieser gesellschaftlichen Debatte im Unterricht sollte der erhobene Zeigefinger allerdings vermieden werden (siehe auch Position in M 4) und das offene Gespräch über eine Pro-Kontra-Diskussion gesucht werden. Dabei kann insbesondere die Frage nach alternativen Vorstellungen des Familienlebens ohne die erwähnten Sendungen eine Rolle spielen und wie realistisch diese Vorstellungen sind.

Lösungshinweise zu den Aufgaben im Schülerband

Seite 124, Aufgabe 1+2: Individuelle Schülerlösungen

Seite 125, Aufgabe 3: Mögliche Argumente

Pro: (schlechter Einfluss)
- falsche/unrealistische Ideale werden vermittelt
- Kandidaten werden bloßgestellt
- ...

Kontra: (kein schlechter Einfluss)
- Castingshows sind Familienformate (M 4, Z. 15) und werden von Eltern als harmlos eingestuft (Z. 21–23)
- Jugendliche können mitreden, würden ansonsten ausgegrenzt (Z. 24–28)
- Jugendliche sollten trennen können zwischen Fernsehunterhaltung und eigenem Leben (Z. 37–42)
- ...

Seite 125, Aufgabe 4: Individuelle Schülerlösungen

Seite 125, Aufgabe 5: Die Stellungnahme kann als Ausgangspunkt für eine Reflexion der Bedeutung des eigenen Medienkonsums dienen (siehe auch Aufgabe 1), es sollte aber nicht bei einer bloßen Bestandsaufnahme bleiben, sondern auch über die unterschiedliche Qualität von Primär- und Sekundärerfahrungen diskutiert werden.

2. Die Aufgaben der Medien in der Demokratie (S. 126–127)

Mögliche Stundenstruktur

Phase	Material Schülerband	Methode/ Sozialform
Einstieg		Unterrichtsgespräch
Erarbeitung 1	M 1–M 4, S. 126, Aufgaben 1+2	Einzel-/Partnerarbeit, Unterrichtsgespräch
Erarbeitung 2	M 4, S. 127, Aufgabe 3	Einzel-/Partnerarbeit, Unterrichtsgespräch
Problematisierung	M 5, S. 127, Aufgabe 4	Einzelarbeit, Unterrichtsgespräch

Nach dem eher soziologischen Einstieg über Verhaltensweisen von Jugendlichen als Medienkonsumenten wird auf dieser Doppelseite erstmals die Beziehung von Medien und Politik thematisiert. Der Einstieg in die Stunde kann ohne Material erfolgen: Die Schüler können sich arbeitsteilig (mit aufsteigender Schwierigkeit) Antworten auf die Fragen „Was sind Medien?“, „Welche Arten von Medien gibt es?“ und „Worauf sollten Medien in der Demokratie achten?“ überlegen und auf Plakaten oder der Tafel festhalten. Die Materialien M 1 bis M 4 können anschließend als Vergleichsmöglichkeit dienen. Vor allem die Unterscheidung zwischen neuen und „klassischen“ Massenmedien sowie die Bedeutung des Begriffs „Masse“ oder die gesetzliche Gewährleistung von Rechten sowie die Aufgaben der Medien stehen dabei im Mittelpunkt (Aufgaben 1 und 2).
Eine eingehendere Beschäftigung mit dem Landespressegesetz Baden-Württembergs kann anhand der Überprüfung einer Ausgabe einer regionalen oder lokalen Zeitung geschehen. Im Rahmen von Projekten wie „Zeitung an der Schule“ sollten bei zeitlicher Abstimmung mit dem Fach Deutsch Exemplare vorhanden sein. Interessant ist dabei wohl vor allem, inwiefern § 3 Beachtung findet. Auf Ergebnisse aus Diskussionen darüber, was im öffentlichen Interesse ist, wie kritisch berichtet und Meinungsbildung betrieben wird, kann dann im Laufe der Einheit immer wieder zurückgegriffen werden.
Durch die Vorstellung von Gefahren, denen die Medien ausgesetzt sind (M 5 und Aufgabe 4), wird die Bedeutung der Medien in der Demokratie nochmals verdeutlicht. Die Gefährdung der Pressefreiheit in anderen Staaten kann dabei anhand aktueller Beispiele Eingang in den Unterricht finden. (Das Problem der Medienkonzentration wird an späterer Stelle der Einheit behandelt.)

Lösungshinweise zu den Aufgaben im Schülerband

Seite 126, Aufgabe 1: Klassische Medien konzentrieren sich vor allem auf die Kommunikation von einem Sender aus für mehrere Empfänger (Leser, Zuschauer), während neue Medien eine stärker ausgeprägte Interaktivität besitzen, z. B. können sich die bisherigen Empfänger aktiver in Diskussionen einschalten. (Früher ging das mit höherem Aufwand durch Leserbriefe.) Klassische Medien versuchen aber zunehmend ihre Formate durch interaktive Elemente zu ergänzen (z. B. Twitter- oder Facebook-Fragen bei Talkshows).

Seite 127, Aufgabe 2: **Aufgaben:** Information (M 1, Z. 3), Kommunikation zwischen Politiker und Bürgern (M 1, Z. 21–22), Nachrichten beschaffen und verbreiten (M 4, Z. 12–13), Stellung nehmen, kritisieren, Meinung bilden (M 4, Z. 13–15)
Rechte: Meinungs- und Pressefreiheit, Schutz vor Zensur (M 3: Grundgesetz), Behörden müssen Auskunft erteilen (M 4, Z. 17–20)

Seite 127, Aufgabe 3: Individuelle Ergebnisse werden sich vor allem an § 3 orientieren.

Seite 127, Aufgabe 4: siehe Binnendifferenzierung, S. 178 im Schülerband,
Z. 7–10: staatliche Kontrolle, z. B. durch Redaktionsdurchsuchungen
Z. 12–15: aus finanziellen Nöten entstehen Vermischungen mit Unterhaltung und Werbung
Z. 15–17: Einfluss durch Wirtschaftsinteressen
Z. 24–27: Niveauverlust durch Renditedruck

3. Politik und Medien – wer dominiert hier wen? (S. 128–129)

Mögliche Stundenstruktur

Phase	Material Schülerband	Methode/ Sozialform
Einstieg	M 1 und M 2, S. 128 Aufgabe 1, S. 129	Unterrichtsgespräch
Erarbeitung	M 3, S. 129, Aufgabe 2	Einzelarbeit
Erarbeitung 2	Aufgabe 3, S. 129	Einzel-/Partnerarbeit
Problematisierung	Aufgabe 4, S. 129	Unterrichtsgespräch

Auf der vorangegangenen Doppelseite wurde die Bedeutung der Medien für die Demokratie thematisiert sowie Gefahren, die ihnen drohen. An dieser Stelle erfolgt ein Perspektivwechsel: Welche Gefahren können von den Medien ausgehen? Wie wird der politische Betrieb durch die Medienlogik beeinflusst? Dabei werden auch die Bedenken der ersten Doppelseite wieder aufgenommen: Der befürchtete Verfall der Qualität, vor allem durch den Einfluss des Privatfernsehens wird auch von Norbert Lammert kritisiert (M 3), jetzt aber mit Bezug auf die Bedeutung der medialen Berichterstattung für die Demokratie. Inwiefern, die von Norbert Lammert dargelegten Veränderungen, in der Medienlandschaft zur Verflachung gesellschaftlicher und politischer Debatten führen oder sogar eine Chance besteht, ein breiteres Publikum zu erreichen, ist die zentrale Frage der Doppelseite, die ihren Ausgang in der Textanalyse von Material 3 nimmt.
Die Karikatur von Burkhard Mohr zum Einstieg in die Stunde (M 1) ist bereits älteren Datums, was zeigt, dass das Problem nicht wirklich ein neues ist: Politiker (Selbstdarstellung) und Medien (Quote, Auflagenzahlen) haben Interessen, die sie durchzusetzen versuchen und für deren Durchsetzung sie den jeweils anderen benötigen. Die Kritik von Hans-Ulrich Jörges (M 2) trifft dabei vor allem die Journalisten, die im Glanz der Macht ihre Aufgabe vernachlässigen, also praktisch Opfer der Politik werden. Lammert hingegen vertritt die Position, dass die Politik eher zum Opfer der Medien wird und Politiker, etwa durch Auftritte in Polittalkshows, die mediale Fehlentwicklung noch unterstützen. Die Schülerinnen und Schüler sollen hier begründet Stellung nehmen.

Lösungshinweise zu den Aufgaben im Schülerband

Seite 129, Aufgabe 1:

M 1: Das Verhältnis wird in einer Art Gleichgewicht dargestellt, da sowohl die Medien die Politiker verfolgen als auch umgekehrt.
M 2: Der Journalist differenziert stärker. Seine Kritik an den Politikern: Sie instrumentalisieren die Medien. Seine Kritik an den Medien: Sie lassen sich von den Politikern einwickeln und wahren nicht die notwendige kritische Distanz.

Seite 129, Aufgabe 2:

Lammert beschreibt den Einfluss der Medien wie folgt:
1. Absatz: Die digitalen Medien bestimmen das Tempo des Medienbetriebs, Aktualität geht vor Relevanz.
2. Absatz: das hat Folgen: Vorrang von Bildern gegenüber Texten, Personen gegenüber Themen, Überschriften gegenüber komplexen Sachverhalten, Schlagzeilen gegenüber Analysen (Z. 26–31), Unterhaltung gegenüber Information (Z. 38).
3. Absatz: Talkshows machen aus allem Unterhaltung
4. + 5. Absatz: Sie haben andere, analytische Formate verdrängt und dominieren das Fernsehprogramm.
Fazit: Lammert sieht den Einfluss der Medien kritisch, da sie die komplexen Themen mit denen sich Politik beschäftigen sollte, nicht in angemessener Form darstellt.

Seite 129, Aufgabe 3:

Individuelle Ergebnisse, mögliche Positionen:
a) Zeitungsjournalist/in: Verweis auf die analytische Überlegenheit der Printmedien
b) Politiker/in: Verweis auf die Notwendigkeit der Präsenz im Fernsehen um eigene Positionen vor großem Publikum zu vertreten
c) Talkshow-Zuschauer/in: Verweis auf den Vorteil der knappen Darstellung in Fernsehen und Internet gegenüber langen Analysen in Zeitungen

Seite 129, Aufgabe 4:

Mögliche Positionen:
- Konzentration der Politiker und Medien aufeinander führt dazu, dass die Interessen der Bürger keine Beachtung mehr finden (M 1)
- mangelnde Kontrolle der Politik durch Medien (M 2)
- unzulässige Vereinfachung oder Boulevardisierung politischer Themen (M 3)
- nicht medientaugliche Themen werden nicht behandelt (M 3)
- breitere Bevölkerungsschichten werden durch unterhaltsamere Formate erreicht (M 3)

4. Politik und Sprache (S. 130–131)

Mögliche Stundenstruktur

Phase	Material Schülerband	Methode/ Sozialform
Einstieg	M 1, S. 130, Aufgabe 1+2	Unterrichtsgespräch, Einzelarbeit
Erarbeitung	Aufgabe 3, S. 130	Gruppenarbeit
Problematisierung	Aufgabe 3, S. 130	Unterrichtsgespräch
Weiterführung	Aufgabe 4, S. 130; Methodenseite, S. 131	Einzel-/Partnerarbeit

Die Doppelseite dient der Entwicklung einer größeren Sprachsensibilität bei den Schülerinnen und Schülern. Ausgehend vom Problem, dass viele Bürgerinnen und Bürger die Sprache der Politiker und Politikerinnen nicht mehr verstehen oder als abgehoben wahrnehmen, wird die Bedeutung der Sprache im politischen Betrieb behandelt.
Die Schülerinnen und Schüler lernen die Manipulationsmöglichkeiten der Sprache (M 1) ebenso kennen wie die Problematik der Nutzung von bedenklichen Begriffen (M 2), sei es aus Unbedacht oder aus Kalkül. Anhand der Recherche lernen sie die Hintergründe von problematischen Begriffen kennen, die sie vielleicht eher als unproblematisch eingestuft hätten.
Die Methodenseite lässt die Schülerinnen und Schüler dann die Seiten wechseln. In der Rolle des Redenschreibers orientieren sie sich am Leitfaden und erfahren, wie sich Inhalte so vermitteln lassen, dass das Publikum bzw. die Leserschaft überzeugt wird. Ziel ist dabei natürlich nicht, den Schülerinnen und Schülern die Fähigkeit zur Manipulation beizubringen, sondern nach der eher analytischen Arbeit an den „Unwörtern“ selbst kreativ zu werden und ihnen die Strategien zu vermitteln, mit denen sie als Rezipient Manipulationsversuche erkennen können.

Lösungshinweise zu den Aufgaben im Schülerband

Seite 130, Aufgabe 1: Als möglicher Grund für die besondere Politikersprache kann eine Vermeidung von Festlegungen genannt werden. Politiker halten sich gerne alle Optionen offen, um nicht für eine konkrete Position kritisiert werden zu können.

Seite 130, Aufgabe 2: Sprache beeinflusst unser Denken und unsere Gefühle und prägt damit, was wir als positiv oder negativ empfinden. Durch Sprachmanipulation können auch undemokratische Eigenschaften und Ideale „durch die Hintertür“ als angemessen dargestellt werden.

Seite 130, Aufgabe 3: Informationen hierzu finden sich unter: *www.unwortdesjahres.net/*

Seite 130, Aufgabe 4: Individuelle Ergebnisse

5. Zeitungsvergleich – wer berichtet wie? (S. 132–133)

Mögliche Stundenstruktur

Phase	Material		Methode/Sozialform
	Schülerband	Lehrerband	
Einstieg	M 1, Aufgabe 1+2, S. 132		
Erarbeitung	Aufgabe 3, S. 132, M 2		
Erarbeitung 2	Aufgabe 4, S. 132; Methodenseite, S. 133	Arbeitsblatt „Zeitungs- und Zeitschriftenvergleich“	
Problematisierung	Aufgabe 5, S. 132		Unterrichtsgespräch

Die Doppelseite dient den Schülerinnen und Schülern zur Orientierung auf dem deutschen Zeitungsmarkt (Material 1) und vermittelt Unterscheidungskriterien für die Analyse von Zeitungen. Auch die Problematik „Monopolmärkte im Medienbereich“ wird im Schülerband knapp angesprochen.
Im Zentrum der Stunde sollte jedoch der Zeitungsvergleich stehen. Ein guter Einstieg ist der Vergleich von Titelseiten der Süddeutschen Zeitung mit der der Bild-Zeitung, jeweils vom selben Tag (Schülerband, S. 133 oder aktuellere Ausgaben).
Die Analyse kann sich auf ein aktuelles Thema beziehen, aber auch die Zeitungen in der Gänze vergleichen. Die Methodenseite (S. 133) bietet dafür die notwendigen Untersuchungskriterien. Zur Sicherung der Ergebnisse können die Gruppen ein kurzes Protokoll anfertigen, das sich an den vorgeschlagenen Kriterien orientiert.
Bei der Analyse der Zeitungen bietet sich auch ein Rückgriff auf die Aufgaben der Medien an, die im zweiten Unterkapitel thematisiert wurden. Auch die Frage der Daseinsberechtigung von Boulevardmedien sollte sich in der Diskussion wiederfinden (Aufgabe 6). Das Arbeitsblatt ermöglicht eine Erweiterung des Vergleichs auf Zeitschriften.

Lösungshinweise zu den Aufgaben im Schülerband

Seite 132, Aufgabe 1:

Individuelle Ergebnisse

Seite 132, Aufgabe 2:

Mögliche Erklärungen (Bezug zu Methodenseite 133):
- Unterhaltung ist attraktiver als Information
- mehr Farbe, Bilder
- kürzere Texte

Erfolgsgründe der Boulevardzeitungen sind: populäre und anspruchslose Themen, Appelle an Gefühle, Skandalisierung, Aktualität und Kürze der Artikel.

Seite 132, Aufgabe 3:

Mögliche Auswirkungen:
- fehlende Meinungsvielfalt
- starker Einfluss einzelner Verleger auf die öffentliche Meinung in den Städten/Regionen

Das Problem der Medienkonzentration besteht in der Monopolisierung von Meinungsmacht. Die Inhaber von Medienkonzernen können unverhältnismäßig starken politischen Einfluss ausüben. Dies gilt selbst dann, wenn sich noch zwei Medienkonzerne mit unterschiedlichen Positionen gegenüberstehen. Denn das politische Leben besteht nicht nur aus zwei Auffassungen, es ist vielfältiger. Diese Vielfalt kann aber nicht mehr dargestellt werden.

Seite 132, Aufgabe 6:

Mögliche Gründe:
- attraktivere und kostenfreie Alternativen
- keine Tageszeitung im Haushalt
- Themen und Schreibstil nicht altersgerecht

M1 Zeitungs- und Zeitschriftenvergleich

Titel: ____________________

	trifft zu	trifft teilweise zu	trifft selten zu	trifft nicht zu
liefert mir Informationen aus der Region				
gibt mir Hintergrundinformationen und hilft mir bei der Meinungsbildung				
unterhält mich				
gibt mir Fachinformationen oder hilft mir im Beruf				
bietet mir Dienstleistungen				
informiert mich über mein Hobby				
gibt mir Ratschläge für den Alltag				
informiert mich über das Fernsehprogramm				
informiert mich über das Kinoprogramm				
informiert mich über Konzerte, Theateraufführungen in meiner Region				
informiert mich über das aktuelle Sportgeschehen				
informiert mich über das Leben von Prominenten				

1 Nehmt verschiedene regionale und überregionale Zeitungen und Zeitschriften zur Hand und bereitet für jeden Titel ein Blatt nach diesem Muster vor. Überlegt, welche inhaltlichen Merkmale in welchem Grad zutreffen. Findet ihr weitere Merkmale? Ergänzt ggf. die Liste.

6. Woher kommen die Nachrichten? (S. 134–135)

Mögliche Stundenstruktur

Phase	Material Schülerband	Methode/Sozialform
Einstieg	Karikatur, S. 134, Aufgabe 1	Unterrichtsgespräch
Erarbeitung 1	M 2, M 3, S. 134 f., Aufgabe 2+3, S. 135	Einzelarbeit
Problematisierung	Methode, S. 135, Aufgabe 4	Gruppenarbeit, Unterrichtsgespräch

Die Schüler/-innen lernen in dieser Doppelstunde, wie aus einem Ereignis eine Nachricht entsteht. Nach dem Einstieg mit der Karikatur erarbeiten und problematisieren sie anhand der Materialien 2 und 3 im Schülerband die Bedeutung von Nachrichtenwertfaktoren. Diese werden von Medien als Relevanzkriterien verwendet und entscheiden letztendlich ob ein Ereignis als „berichtenswert" erachtet wird. An dieser Stelle können die Schülerinnen und Schüler ihre eigenen Erfahrungen mit Nachrichtensendungen einbringen. M 1 kann an dieser Stelle die maßgeblichen Akteure im Entscheidungsprozess der Medien ergänzen.
Die Methode „Die Klasse als Redaktion" ermöglicht eine vereinfachte Simulation der Arbeitsweise einer Zeitungsredaktion. Die erarbeiteten Kriterien können hier in einem Rollenspiel erprobt werden. Die Schülerinnen und Schüler wählen dazu zunächst eine Zielgruppe aus, bevor sie arbeitsteilig in unterschiedlichen Ressorts „Berichtenswertes" aus den vorgegebenen Quellen heraussuchen. In der Redaktionskonferenz wird die jeweilige Auswahl vorgestellt und begründet, dann wird eine Artikelübersicht für eine Zeitung erarbeitet (Endergebnis).

Lösungshinweise zu den Aufgaben im Schülerband

Seite 135, Aufgabe 1: Individuelle Ergebnisse

Seite 135, Aufgabe 2: Die Schülerinnen und Schüler sollen bei ihrer Auswahl möglichst nah an den Vorgaben von M 2 bleiben, also Themen nennen, bei denen die Fragen in M 2 mehrheitlich mit nein beantwortet werden.
Beispiel 1: Der Müll wird abgeholt. (Findet zwar in der Nähe statt, ist aber nicht aufregend, außergewöhnlich oder negativ.)
Beispiel 2: Hungersnot in Afrika (Ist ein negatives Ereignis, Leser sind aber nicht direkt betroffen, es findet weit entfernt statt, die Bilder sind zwar bedrückend, aber nicht aufregend und vielen schon bekannt.) Allerdings könnte das Thema – z. B. durch den Besuch einer berühmten Person – wieder einen wichtigen Nachrichtenwertfaktor erhalten.

Seite 135, Aufgabe 3: Mögliche Antworten:
Waldsterben: keine direkte Betroffenheit, keine aufregenden Bilder, aber Negativität; findet sich kaum mehr in Medien wieder.
Bundesliga-Spiel: Fußball hat in Deutschland viele Fans, das Spiel wird vor allem in Baden-Württemberg verfolgt, es sind also viele Menschen betroffen, die Personen bzw. Vereine werden als wichtig eingeschätzt, „aufregende" Bilder sind zu erwarten, für Badener und Schwaben trifft auch noch der Nachrichtenwertfaktor der Nähe zu – findet sich sowohl in bundes- als auch in landesweiten Medien wieder.
Badische Weinkönigin: Nähe und Betroffenheit in Baden, das Ereignis ist einfach erklärbar, aufregende Bilder sind aber wohl nicht zu erwarten – findet sich wohl vor allem in regionalen Medien wieder.
Soldaten in Afghanistan: „aufregende" Bilder und Betroffenheit durch die Beteiligung Deutschlands am Afghanistan-Einsatz führen zu einer bundesweiten Berichterstattung.

7. Pressefreiheit – wie weit dürfen Medien gehen? (S. 136–137)

Mögliche Stundenstruktur

Phase	Material Schülerband	Methode/ Sozialform
Einstieg	Karikatur	Unterrichtsgespräch
Problematisierung	M 1, S. 136; Aufgabe 1, S. 137	Partnerarbeit
Erarbeitung 1	M 1, S. 136; Aufgabe 2, S. 137	Gruppenarbeit
Erarbeitung 2	M 2, S. 137, Aufgabe 3	Gruppenarbeit
Weiterführung	Aufgabe 4, S. 137	Unterrichtsgespräch

In dieser Stunde wird thematisiert, welche Anstrengungen die Printmedien unternehmen, um einen möglichst wahrheitsgetreuen und moralisch vertretbaren Journalismus zu betreiben. Das Material 1 bietet hierzu Fallbeispiele, die zu bewerten sind: Die Schülerinnen und Schüler entscheiden inwiefern das Verhalten der Akteure akzeptabel ist. Aus ihren Bewertungen erarbeiten die Schülerinnen und Schüler selbst einen Pressekodex, in dem sie ihre Forderungen verallgemeinernd darstellen. Die Schülerinnen und Schüler üben so einerseits das genaue formulieren, andererseits sollen sie ihre Vorschläge gegen Einwände verteidigen und in der Diskussion zu gemeinsamen Regelungen kommen. Der Erarbeitung des Kodex folgt der Abgleich mit dem „Original". Dabei geht es nicht um eine Korrektur der eignen Vorschläge. Der Vergleich bietet vielmehr die Möglichkeit, sich zu überlegen welche konkreten Fehlverhalten durch den Kodex geahndet werden sollten, die bis dato in der Stunde keine Rolle gespielt haben.

Lösungshinweise zu den Aufgaben im Schülerband

Seite 137, Aufgabe 1:

Mögliche Bewertungsgrundlagen:
- Schutz der Privatsphäre (von Politikern)
- Instrumentalisierung der Medien durch Politiker
- moralische Grenzen
- Schutz der nationalen Sicherheit
- Informationsfreiheit
- Zensurverbot
- Unabhängigkeit der Medien

Seite 137, Aufgabe 2:

Orientierung an Ergebnissen aus Aufgabe 1
Beispiel: Die Privatsphäre aller Bürger, auch von Politikern, sollte gewahrt bleiben.
oder: Über private Handlungen von Politikern muss berichtet werden dürfen, wenn davon auszugehen ist, dass sie sich auf die Wahlentscheidung von Bürgern auswirken.

Seite 137, Aufgabe 3:

Mögliche Vergleichsaspekte:
- Wo gibt es Unterschiede?
- Welche Themen werden in eurem Pressekodex bzw. M 2 nicht behandelt?
- Wie sind die Abweichungen zu erklären?

Seite 137, Aufgabe 4:

Unter *www.presserat.info* finden sich aktuelle und ältere Fälle, in denen der Presserat Rügen ausgesprochen hat.

8. Politik im Netz – Chance oder Gefahr für die Demokratie? (S. 138–139)

Mögliche Stundenstruktur

Phase	Material		Methode/Sozialform
	Schülerband	**Lehrerband**	
Einstieg	M 1, S. 138; Aufgabe 1, S. 139	Alternative: Arbeitsblatt „Ein Politiker fordert: Netzanschluss ist Menschenrecht!"	Unterrichtsgespräch
Erarbeitung 1	M 2, S. 138; Aufgabe 2, S. 139		Gruppenarbeit
Erarbeitung 2	M 3, S. 139, Aufgabe 3		Einzelarbeit
Problematisierung	Aufgabe 4, S. 139		Unterrichtsgespräch
Weiterführung	Aufgabe 5, S. 139		Einzelarbeit, Unterrichtsgespräch

Die zunehmende Bedeutung des Internets und dessen Anziehungskraft auf die Schülerinnen und Schüler rechtfertigen die Aufnahme dieses Themas in das Medienkapitel. Dabei ist es wichtig zu beachten, dass man bei aller Online-Kompetenz, die man Jugendlichen zuschreiben mag, diese insbesondere in Bezug auf Fragen wie Datensicherheit oder Privatsphäre wohl nur auf wenige zutrifft. In Bezug auf Chancen und Gefahren, die das Medium für die Demokratie bietet, kann man nicht davon ausgehen, dass hierzu Kenntnisse vorhanden sind. Der Einstieg über die Zitate (Material 1) soll gerade hier ansetzen. Die Schülerinnen und Schüler sollen Meinungen zur Bedeutung des Internets bewerten und diese auch hinsichtlich ihrer eigenen Nutzung reflektieren. (Das Arbeitsblatt „Ein Politiker fordert: Netzanschluss ist Menschenrecht!" bietet eine Möglichkeit, sich eingehender mit der Forderung Volker Becks auseinanderzusetzen.)
Die unter M 2 vorgestellten Grundbegriffe sollen als Ausgangspunkt für eine Diskussion dienen, die sich damit befasst, inwiefern das Internet die politischen Informations-, Partizipations- und Kommunikationsgewohnheiten verändert oder in Zukunft verändern könnte. Die Schüler entwickeln somit kleine Szenarien für die Mediendemokratie der Zukunft. Das Material 3 bietet hierzu eine Position, die anhand der erarbeiteten Erkenntnisse eingeordnet werden sollte, um zu einer abschließenden Diskussion der Leitfrage der Doppelseite zu kommen (Aufgabe 4).

Lösungshinweise zu den Aufgaben im Schülerband

Seite 139, Aufgabe 2: Mögliche Nennungen: siehe Beispiele auf S. 139

Seite 139, Aufgabe 3: **Genannte Wirkungen:**
Die Speicherung aller digital getätigten Äußerungen im Internet wird vom Autor als problematisch angesehen, „die freie Meinungsäußerung" (Z. 13) sei in Gefahr, insbesondere durch die „Überwachung" (Z. 15–19). Eine zweite Gefahr sieht er in der Aufspaltung der Gesellschaft durch die Vielfalt der Angebote im Internet (Z. 25). Der „soziale Kitt" (Z. 30–31) gehe verloren.

Seite 139, Aufgabe 4: Die Argumente können aus den Ergebnissen von Aufgabe 2 und 3 abgeleitet werden:
Chance: u. a. mehr Transparenz und einfacherer Zugang zu Informationen, neue Beteiligungsmöglichkeiten, direkte Kommunikationsmöglichkeit mit politischen Entscheidungsträgern.
Gefahr: u. a. Fragmentarisierung der Gesellschaft, Verflachung, Verrohung oder Anonymisierung der politischen Debatte im Internet, Ausschluss von Bevölkerungsgruppen (digital divide).

M 1 Ein Politiker fordert: Netzanschluss ist Menschenrecht!

INFO

Top-down-Kommunikation
hier: Kommunikation, bei der Regierung, Parteien und Politiker Botschaften aussenden und das Volk (vermeintlich) passiver Empfänger ist

Volker Beck
Parlamentarischer Geschäftsführer und menschenrechtspolitischer Sprecher der Bundestagsfraktion von Bündnis 90/ Die Grünen

Wer Twitter liest, weiß nicht zwingend mehr, aber vieles früher. Der politische Schlagabtausch wird durch Tweets schneller und kompakter. Politiker lernen plötzlich, sich in 140 Zeichen kurzzufassen. Selbstverständlich hat auch Twitter seine Grenzen. Differenzierte Debatten leiden zuweilen unter Oberflächlichkeit und populistischer Vereinfachung. [...] Die Top-down-Kommunikation hat ausgedient. Man muss sich auf den Dialog einlassen: Für Menschen, die am öffentlichen Leben [...] teilhaben, führt heute kein Weg an sozialen Netzwerken vorbei. Die Frage ist nicht mehr, ob, sondern nur noch, wie. Eigentlich muss man den Menschen nur einen Internetanschluss geben. Von da an gehen sie ihren Weg im WorldWideWeb allein. [...] Zentrale Fragen der Netzintegrität, des „Anspruchs auf kommunikative Grundversorgung" [...] und eines Grund- und Menschenrechts auf Netzzugang werden die Agenda einer freiheitlichen und sozialen Politik zu Beginn dieses Jahrhunderts revolutionieren.

Volker Beck: Netzanschluss ist Menschenrecht, in: Frankfurter Allgemeine Zeitung vom 31. Oktober 2011, S. 25

1 Diskutiert ausgehend von M 1, ob es die Demokratie revolutionieren würde, wenn der Netzzugang ein Menschenrecht wäre.

Kompetent? (S. 140–141)

Mögliche Stundenstruktur

Phase	Material Schülerband	Methode/Sozialform
Einstieg	Karikaturen, S. 140/141	Unterrichtsgespräch
Erarbeitung	Aufgabe 1+2, S. 141	Unterrichtsgespräch
Problematisierung	Aufgabe 3, S. 141	Gruppenarbeit
Weiterführung	Aufgabe 4, S. 141	Einzelarbeit, Unterrichtsgespräch

Die KOMPETENT?-Doppelseite bietet anhand von Karikaturen die Möglichkeit des Rückgriffs auf die in der Einheit behandelten Problematiken (siehe Lösungshinweise). Durch die Karikaturenanalyse problematisieren die Schülerinnen und Schüler handlungsorientiert und mit dem Ziel einer geschärften Urteilskompetenz die in den Karikaturen kritisierten Missstände.

Lösungshinweise zu den Aufgaben im Schülerband

Seite 141, Aufgabe 1:

Karikatur 1: Unterkapitel 2 und 7
Karikatur 2: Unterkapitel 3 und 7
Karikatur 3: Unterkapitel 1 und 5
Karikatur 4: Unterkapitel 6 und 7

Seite 141, Aufgabe 2:

Karikatur 1: Journalistische Entscheidungen werden unter vielen Einflüssen getroffen: persönlichem Erfolgsstreben, subjektiven Einstellungen, dem Ziel der objektiven Berichterstattung. Das Berufsethos wird dabei vom dargestellten Journalisten kritisch beäugt.
Karikatur 2: Die Karikatur kritisiert die Personalisierung und Trivialisierung von Politik in Fernsehtalkshows.
Karikatur 3: Der Karikaturist beschreibt das schwierige Verhältnis von Jugendlichen zu Zeitungen, die mit diesen nichts mehr anzufangen wissen.
Karikatur 4: Hier wird die Meinungsmacht der Medien kritisiert, die dazu neigen kleine Nachrichten groß aufzublähen

Seite 141, Aufgabe 4:

Karikatur 1: Es ist die Entscheidung der Medien, ihre Kontrollfunktion wahrzunehmen. Andere widerstreitende Einflüsse können die Wahrnehmung dieser Aufgabe fördern oder verhindern.
Karikatur 2: Die Medien sind an einer ernsthaften Kontrolle nicht interessiert und konzentrieren sich auf Boulevardthemen, die Quote bringen.
Karikatur 3: Die Medien können ihre Kontrollfunktion nur wahrnehmen, wenn sie Leser/Zuschauer haben, die ihre Nachrichten verstehen. Dazu ist es notwendig, dass sie sich auch auf eine jüngere Leserschaft/ein jüngeres Publikum einstellen.
Karikatur 4: Medien können aufgrund ihrer Meinungsmacht die Politik kontrollieren, müssen aber darauf achten, dass sie die „richtigen“ Themen platzieren.

Die Arbeitswelt im Wandel

Vorbemerkungen zur Unterrichtseinheit

Das Kapitel „Die Arbeitswelt im Wandel“ spiegelt den Standard 10 des Bildungsplans für das Fach Wirtschaft im Fächerverbund Geographie-Wirtschaft-Gemeinschaftskunde wider. Dieser nennt als thematische Schwerpunkte die „Möglichkeiten des Interessenausgleichs zwischen Arbeit und Kapital (auch Mitbestimmung, Schutzrechte der Arbeitnehmerin/des Arbeitnehmers)“ sowie „den Wandel in der Berufs- und Arbeitswelt“ und „damit verbundene Auswirkungen“. Das vorliegende Kapitel „Die Arbeitswelt im Wandel“ geht vom Strukturwandel der Wirtschaft als Ursache des Wandels in der Arbeitswelt aus. Die mit der industriellen Revolution einsetzenden Umwälzungen im täglichen Leben der Menschen sind bis heute nicht zum Stillstand gekommen. Urbanisierung, Mechanisierung, Disziplinierung, Rationalisierung, Internationalisierung und Tertiarisierung sind nur einige Schlagworte, die das Feld umreißen, auf dem sich der rapide Wandel der Lebens- und Arbeitsgewohnheiten abspielt. Den Schülerinnen und Schülern wird zur Schärfung der personalen Kompetenz vor Augen geführt, wie ihre eigene Studien- und Berufsorientierung von diesen Entwicklungen beeinflusst wird (Kapitel 2).
Am Beispiel der Automobilindustrie (Kapitel 3), der in Deutschland ein überragender Stellenwert und nachgerade der Status der „Systemrelevanz“ zukommt, soll veranschaulicht werden, wie die nächsten Basisinnovationen aussehen könnten, welche das ungebrochene Streben nach Individualmobilität mit den Erfordernissen nachhaltigen Wirtschaftens in Einklang bringen können (exemplarisches Lernen). Dass die schöne neue Arbeitswelt, weit entfernt von dem zum Teil menschenunwürdigen Fabriksystem der Hochindustrialisierung, auch Schattenseiten besitzt, zeigt der Trend weg vom Normalarbeitsverhältnis und hin zu atypischen Beschäftigungsformen. Die seit Jahren heftig diskutierte Leih- bzw. Zeitarbeit (Kapitel 4) eignet sich in besonderer Weise, die unterschiedlichen Interessen von Unternehmen und Beschäftigten gegeneinander abzuwägen (Kontroversität). Von hier aus ist es nur ein kleiner Schritt zum Thema der Sozialpartnerschaft (Kapitel 5), die in Deutschland eine mittlerweile weltweit beachtete Form des Ausgleichs zwischen Kapital und Arbeit institutionalisiert. Der Ablauf einer Tarifauseinandersetzung und die immer wiederkehrenden Argumentationsmuster im stark ritualisierten Schlagabtausch zwischen Arbeitgebern und Gewerkschaften verdeutlichen den Schülerinnen und Schülern die Matrix der Arbeitsbeziehungen in Deutschland (kategoriales Lernen). Das System der Mitbestimmung, das sich in der Betriebsverfassung und der Zusammensetzung der Aufsichtsräte von Kapitalgesellschaften konkretisiert, ist eine weitere Form des Ausgleichs zwischen Kapital und Arbeit, wie er zur Beginn der Industrialisierung schlechterdings nicht denkbar war (Kapitel 6). Die damit einhergehenden Konflikte fordern die Urteilskompetenz der Schülerinnen und Schüler heraus.
Zum Abschluss des gesamten Kapitels fragt KOMPETENT? nach den Auswirkungen moderner Informations- und Kommunikationstechnologie, die in der Lebenswelt der Schülerinnen und Schüler fest verankert ist, auf den Arbeitsalltag. Was heute in den meisten Unternehmen noch wie Zukunftsmusik klingt, könnte sich in der Arbeitswelt von morgen schon als weitere Ambivalenz des Fortschritts entpuppen. Die Schülerinnen und Schüler schärfen ihre soziale Kompetenz, indem sie den vorliegenden Konflikt mithilfe einer Mediation zu lösen versuchen (Handlungsorientierung).
Die nachfolgende Stundenstruktur geht von jeweils zwei Einzelstunden für jedes Unterkapitel aus.

Literaturhinweise

Abelshauser, Werner: *Deutsche Wirtschaftsgeschichte. Von 1945 bis zur Gegenwart*, Bundeszentrale für politische Bildung, Bonn 2011
Bundeszentrale für politische Bildung: *Informationen zur politischen Bildung: Unternehmen und Produktion*, Heft 293, Bonn 2007
Gola, Peter: *Datenschutz am Arbeitsplatz. Handlungshilfen beim Einsatz von Intranet und Internet, E-Mail und Telefon, Video- und Ortungstechnik, Datakontext*, Heidelberg u. a. 2012
Rifkin, Jeremy: *Das Ende der Arbeit und ihre Zukunft. Neue Konzepte für das 21. Jahrhundert*, Frankfurt am Main 2007

Links im Internet

Bundesverband der Deutschen Industrie e. V.
www.bdi.eu
Deutscher Gewerkschaftsbund:
www.dgb.de
Der Wandel der Arbeitswelt – die Megatrends, Arbeitsblatt aus: Wirtschaft und Schule. Das Lehrerportal der Initiative Neue Soziale Marktwirtschaft GmbH (INSM):
www.wirtschaftundschule.de/unterrichtsmaterialien/arbeitsmarkt-berufsorientierung/arbeitsblaetter/der-wandel-der-arbeitswelt-die-megatrends/

Filmtipps

Modern Times (1936)
Brassed Off – Mit Pauken und Trompeten (1996)
Leben nach Microsoft (2002)
Minority Report (2002)
I, Robot (2004)
Des Wahnsinns letzter Schrei (2005)
Losers and Winners (2006)
Prinzessinnenbad (2007)
Up in the Air (2009)

Lernwege

Querverweise	Inhalt	Handlungsorientierte Methoden
	0. Auftaktseite	
	1. Ursachen des Strukturwandels	Befragung
Geschlecht- und Berufswahl, S. 168 f.	2. Trends der modernen Arbeitswelt	
Sozialpartner – und manchmal Gegner, S. 154 f.	3. Strukturwandel in der Wirtschaft am Beispiel der Automobilindustrie	Rollenspiel, Werbeplakat, Säulendiagramm
	4. Ende des Normalarbeitsverhältnisses: neue Unsicherheit?	Pro- und Kontradiskussion, Recherche, Kommentar schreiben
	5. Sozialpartner – und manchmal Gegner	
	6. Mitbestimmung – Demokratie im Betrieb?	Kündigungsschreiben, Rollenspiel
	KOMPETENT?	Mediation

1. Ursachen des Strukturwandels (S. 144–145)

Mögliche Stundenstruktur

Phase	Material Schülerband	Methode/Sozialform
Einstieg	Auftaktseiten	Unterrichtsgespräch
Erarbeitung	Aufgabe 3, S. 145	Einzelarbeit, Unterrichtsgespräch
Problematisierung/ Sicherung	Aufgabe 4, S. 145	Gruppenarbeit
Weiterführung	Aufgabe 2, S. 145	Hausaufgabe

Die Auftaktseite schärft den Blick für die Wandlungen der Arbeitswelt: von der Fließbandfertigung über den Einsatz von Robotern in der Automobilindustrie, die im Zentrum des dritten Kapitels steht, hin zur schönen neuen Welt im Büro, das von den modernsten Kommunikationstechniken geprägt wird, die im zweiten Kapitel und am Ende auf den KOMPETENT?-Seiten zur Sprache kommen.
Die erste Stunde knüpft an die Betrachtung der Auftaktdoppelseite an. Die Schülerinnen und Schüler sind aufgefordert, Stellung zu beziehen und so ihre Urteilskompetenz zu schärfen: Ist die abgebildete Entwicklung den Beschäftigten zuträglich, oder sind mit ihr auch Rückschritte verbunden? Anschließend setzen sich die Schüler mit der von Henry Ford angestoßenen Entwicklung zur Fließbandfertigung und zur Arbeitsteilung auseinander. Dabei sollten die Humanisierung der Arbeitswelt, aber auch die Monotonie übermäßiger Spezialisierung thematisiert werden. Vertieft werden diese Überlegungen im Rahmen einer Gruppenarbeit, die den Strukturwandel seit Beginn der Industrialisierung und die fortschreitende Rationalisierung zum Gegenstand hat. Die Hausaufgabe lenkt den Blick auf die Mikroebene: Welche Erfahrungen haben Menschen im Umfeld der Schüler mit den während der Stunde erarbeiteten Trends gemacht?

Lösungshinweise zu den Aufgaben im Schülerband

Seite 145, Aufgabe 1:

Die beiden Bilder aus der Automobilproduktion zeigen eindrücklich die Arbeitswelt im Wandel. Sieht man bei Ford in den Dreißigerjahren noch eine Vielzahl von Männern, die am Fließband stehen und arbeitsteilig ein Auto zusammenbauen, so wird diese Tätigkeit im 21. Jahrhundert weitgehend von Robotern übernommen. Fabrikhallen erscheinen daher heute mitunter menschenleer.
Das Bild auf S. 143 macht deutlich, in welchem Umfang mittlerweile moderne Kommunikations- und Informationsmedien in den beruflichen Alltag Einzug gehalten haben. Eine Frau leitet offenbar eine Videokonferenz mit Kollegen oder Kunden, die möglicherweise aus anderen Erdteilen zugeschaltet sind und in Echtzeit miteinander reden, verhandeln oder entscheiden können. Die Frau im Vordergrund kann während der Videokonferenz auf weitere elektronische Hilfsmittel zurückgreifen.

Seite 145, Aufgabe 3:

Ford wollte die Autoproduktion revolutionieren. Dabei setzte er sich folgende Ziele:
- Auto für verschiedene Kundenkreise
- beste Materialien
- einfachste Pläne
- moderne Ingenieurtechnik
- erschwinglicher Preis (Massenkonsum)
- Einsatz von Maschinen

Produktionsmethode: Fließband
- größtmögliche Spezialisierung: ein Arbeiter, ein Arbeitsschritt
- Reduzierung der Bewegungen eines Arbeiters auf ein Mindestmaß

Seite 145, Aufgabe 4:

Ursachen:
- wissenschaftlicher Fortschritt (Aufschwung der Naturwissenschaften)
- technologischer Wandel (Industrielle Revolution)
- sinkende Transportkosten (Globalisierung)
- Revolution der Kommunikations- und Informationstechnologie im späten 20. Jahrhundert (Digitalisierung)

Folgen:

- Rationalisierung: Roboter statt Menschen
- traditionelle Erwerbszweige (primärer Sektor, seit Mitte des 20. Jahrhunderts auch der sekundäre Sektor) verlieren an Bedeutung (in M4 gemessen an der Zahl der Erwerbstätigen, was aufgrund erheblicher Produktivitätsfortschritte noch nichts über die Wertschöpfung aussagt)
- Tertiarisierung: Dienstleistungssektor gewinnt an Bedeutung

2. Trends der modernen Arbeitswelt (S. 146–147)

Mögliche Stundenstruktur

Erste Stunde

Phase	Material		Methode/Sozialform
	Schülerband	Lehrerband	
Einstieg	M1, S. 146		Unterrichtsgespräch
Erarbeitung	Aufgabe 1, S. 146		Gruppenarbeit, Unterrichtsgespräch
Problematisierung/ Sicherung	Aufgabe 2, S. 146		Einzelarbeit
Weiterführung	Aufgabe 3, S. 147		Hausaufgabe

Zweite Stunde

Phase	Material		Methode/Sozialform
	Schülerband	Lehrerband	
Einstieg	Besprechung der HA		Unterrichtsgespräch
Erarbeitung		Arbeitsblatt „Nach Dienstschluss Handy aus!“, Aufgabe 1–3	Gruppenarbeit, Präsentation
Problematisierung/ Sicherung		Arbeitsblatt „Nach Dienstschluss Handy aus!“, Aufgabe 4	Rollenspiel
Weiterführung	Aufgabe 4, S. 147		Einzelarbeit

In der Gruppenarbeit widmen sich die Schüler einzelnen Aspekten der modernen Arbeitswelt: dem Einsatz neuer Kommunikationsmedien, der Bedeutung des Reisens und der Internationalisierung, der Rolle sozialer Netzwerke. Die Schüler könnten diese Aspekte in einer Mindmap festhalten und dann die Konsequenzen für die eigene Studien- und Berufsorientierung anfügen. Im Anschluss daran wird der Gesichtspunkt der Vielreiserei in Einzelarbeit näher betrachtet: Die Schüler sollen die Vor- und Nachteile von Geschäftsreisen erörtern und können dabei möglicherweise Erfahrungen aus ihrem familiären Umfeld einfließen lassen. Die Hausaufgabe schlägt nochmals den Bogen zur „alten“ Arbeitswelt: Der heute nicht mehr wegzudenkende Einsatz des Internets soll reflektiert werden.

Die Besprechung der Hausaufgabe bildet den Auftakt zur Problematisierung der Kommunikationsrevolution und deren Niederschlag im beruflichen Alltag. Die Gruppenarbeit zum Thema ständige Verfügbarkeit auch nach Feierabend lässt sich ohne weiteres mit Erfahrungen der Schüler selbst in Verbindung bringen: Handy – Segen oder (wann) Fluch? Ziehen die Schüler Grenzen ihrer Erreichbarkeit oder überwiegt der Glaube an die Vorzüge des ständigen Online-Seins? Die Besprechung der Aufgaben mündet in ein Rollenspiel, das die Problematik aus konträren Perspektiven beleuchtet. Die abschließende Auseinandersetzung mit dem Trend hin zur Wissensgesellschaft führt die Fäden des Kapitels zusammen. In diesem Kontext sollte der Begriff selbst zur Diskussion gestellt werden, da Kritiker ihn für eine „bloße Worthülse“ halten. Ihnen zufolge ist jegliche Entwicklung seit Beginn der Industrialisierung die Frucht einer Wissensgesellschaft. Andererseits könnte die nahezu ubiquitäre Verfügbarkeit von Wissen dank moderner Informations- und Kommunikationstechnologien durchaus eine neue Qualität der Wissensproduktion und des Wissenstransfers herbeiführen.

Lösungshinweise zu den Aufgaben im Schülerband

Seite 146, Aufgabe 1:

M 1: Notwendigkeit ständiger Qualifikation (lebenslanges Lernen); erhöhte Mobilität; zunehmender psychischer und Zeitdruck; Trend hin zur nachindustriellen Gesellschaft; Einsatz modernster Kommunikationstechnologie; ständige Erreichbarkeit; teamorientierte Projektarbeit; Abbau von Hierarchien in Unternehmen; Wissensgesellschaft; Vernetzung von Unternehmen und Mitarbeitern
M 2 setzt partiell einen Kontrapunkt zu M 1: keine durchgreifende Virtualisierung des Berufsalltags; Globalisierung und Internationalisierung der Wirtschaft: Mobilisierung von Waren, Finanzströmen und Menschen; Geschäftsreisen sind nicht länger das Privileg von Führungskräften
M 3: vor allem in den skandinavischen und in den Benelux-Staaten ist der Anteil der Beschäftigten, die 2010 das Internet nutzen, hoch; Deutschland liegt mit knapp der Hälfte der Beschäftigten über dem EU-Durchschnitt

Seite 146, Aufgabe 2:

Vorteile: Abwechslung, Kontakt mit anderen Kulturkreisen, Erweiterung des Horizonts, verbesserte Aufstiegschancen, Erschließung neuer Tätigkeitsfelder
Nachteile: Zusatzbelastung, Jetlag, Vernachlässigung der Familie

Seite 147, Aufgabe 3:

Kommunikation in Echtzeit; Versand von Dokumenten; Beschleunigung von Abläufen; Reduzierung der Kommunikationskosten
Ohne Internet waren die Abläufe in Unternehmen deutlich langsamer. Dokumente mussten per Post versandt werden, was vor allem bei Sendungen ins Ausland länger dauern konnte. Auch die Kosten dafür waren beachtlich, insbesondere wenn eine Sendung beschleunigt werden sollte. Andererseits ist heute der Erwartungs- und damit Zeitdruck höher, denn wenn per E-Mail oder Videokonferenz kommuniziert wird, gibt es kaum mehr eine Rechtfertigung für längere Intervalle zwischen einzelnen Kommunikationsschritten. Viele Beschäftigte beklagen zudem eine Flut unsinniger bzw. unreflektierter Mails, die nur dazu dienen, auf den Sender aufmerksam zu machen oder durch Cc-Sendungen andere mit in die Verantwortung zu ziehen.

Seite 147, Aufgabe 4:

Vom Trend hin zur Wissensgesellschaft können vor allem folgende Personengruppen profitieren:

- Menschen mit einem hohen Maß an Flexibilität und mit der Bereitschaft zur Mobilität, um den Anforderungen einer internationalisierten Wirtschaft gerecht zu werden
- Hochqualifizierte, da die Wissensgesellschaft auf komplexen, dynamischen Zusammenhängen basiert, die sich rasch ändern
- Frauen, sofern sich durch flexible Arbeitszeiten und bessere Betreuungseinrichtungen für Kinder Beruf und Familie einfacher miteinander vereinbaren lassen: Der demografische Wandel und der damit einhergehende Fachkräftemangel erfordern es geradezu, das weibliche Erwerbspotenzial besser auszuschöpfen.

Lösungshinweise zum Arbeitsblatt

Zu Aufgabe 1:

Handys verwischen die Grenze zwischen Beruf und Privatsphäre. Dadurch funktionierten Beschäftigte Sauer zufolge auch in ihrer Freizeit in einer Art Standby-Modus. Die Tyrannei ist „heimlich“, da Handys etc. in aller Regel als Bereicherung des Alltags empfunden werden und sich gewissermaßen hinter unserem Rücken in die Privatsphäre einschleichen und diese mit der Berufswelt kurzschließen.

Zu Aufgabe 2:

VW: Auf Diensthandys wird dreißig Minuten nach Feierabendbeginn keine Geschäftsmail mehr versandt, erst kurz vor Dienstbeginn kann diese wieder abgerufen werden.
Die Telekom fordert Mitarbeiter dazu auf, in ihrer Freizeit und im Urlaub von geschäftlicher Kommunikation abzusehen.
Eon: Nach 20 Uhr dürfen keine Geschäftsmails mehr bearbeitet werden.

Zu Aufgabe 3:

Pro: Ständige Erreichbarkeit führt zu Stress, der sich auch betriebs- wie volkswirtschaftlich negativ niederschlägt (26 Mrd. Euro); im Jahr 2011 gab es vierzehn Mal so viele Fehltage aufgrund seelischer Erkrankungen wie in 2004; 40 Prozent der Menschen, die 2010 eine Erwerbsminderungsrente erhielten, waren psychisch erkrankt; das Durchschnittsalter der seelisch bedingt Erwerbsgeminderten beträgt zurzeit 48 Jahre; Mitarbeiter trauen sich möglicherweise nicht, das Handy nach Feierabend auszuschalten.
Kontra: mehr Bürokratie; neue Regeln müssen überwacht werden, was zusätzliche Kosten verursacht; allgemeine Regeln werden betriebsspezifischen Gegebenheiten nicht gerecht; Mündigkeit der Beschäftigten wird unterschätzt

M1 Nach Dienstschluss Handy aus!

Handys, Smartphones und Konsorten sind die heimlichen Tyrannen unserer Zeit, als Taktgeber im Alltag und Peiniger am Feierabend. Sie übertragen den Standby-Modus auf ihre Besitzer. Ausschalten wäre heilsam.

Es gibt sehr unterschiedliche Zahlen zur Frage, wie viele Menschen nach Arbeitsschluss einfach weitermachen. Einer Umfrage des Hightech-Verbands Bitkom zufolge sind unglaubliche 88 % aller Berufstätigen auch außerhalb ihrer regulären Arbeitszeit für Vorgesetzte, Kollegen oder Kunden ansprechbar. Von den abhängig Beschäftigten gab rund ein Drittel an, in beruflichen Belangen jederzeit für ihren Arbeitgeber erreichbar zu sein. Eine Erhebung des Bundesverbands der Betriebskrankenkassen ergab, dass 50 % der Berufstätigen in Sachen Job allzeit ansprechbar sind, eine DGB-Studie ermittelte einen Standby-Anteil von 27 % der Beschäftigten.

So oder so, die Zahlen sind hoch, zu hoch, wie nun auch Bundesarbeitsministerin Ursula von der Leyen (CDU) meint. Es müsse „glasklare Regeln" geben, zu welchen Uhrzeiten Mitarbeiter erreichbar sein müssten sowie darüber, wie Freizeitarbeit auszugleichen sei. Der Einsatz von Diensthandys in der Freizeit müsse, im Sinne des Arbeitsschutzes, beschränkt werden. Das Arbeitsschutzgesetz nämlich unterscheide nicht zwischen seelischer und körperlicher Gesundheit der Beschäftigten, für die der Arbeitgeber – auch durch das Beachten der Freizeit – Sorge zu tragen habe, erläutert Ministeriumssprecher Jens Flosdorff. Andernfalls drohten Geldbußen, Betriebsschließungen und gar Haftstrafen.

Ob von der Leyens Appell viel bewirken wird, ist fraglich. Bisher haben sich nur wenige große Unternehmen verpflichtet, ihre Mitarbeiter außerhalb der Arbeitszeiten in Frieden zu lassen. VW allerdings ergriff drastische Maßnahmen: Auf Dienst-Blackberrys werden 30 Minuten nach Dienstschluss keine Mails mehr weitergeleitet, erst kurz vor Arbeitsantritt können sie wieder abgerufen werden. Die Telekom fordert ihre Mitarbeiter ausdrücklich auf, in der Freizeit und im Urlaub berufliche Telefonate und dienstlichen Schriftverkehr zu unterlassen, beim Energieversorger Eon dürfen nach 20 Uhr keine Dienstmails mehr versendet oder bearbeitet werden. Auch BMW und Puma führten Beschränkungen ein.

Ansonsten aber, das ergab eine Umfrage der Frankfurter Rundschau unter den 30 Dax-Konzernen, kümmert das Thema die Unternehmen wenig. In kleineren Firmen sieht es nach Einschätzung von Ministeriumssprecher Flosdorff noch schlechter aus: „Die allermeisten nehmen das Thema nicht ernst genug." Dabei bedeutet permanente Erreichbarkeit permanenten Stress. „Die Erreichbarkeit geht oft direkt in Arbeit über, Mails müssen beantwortet, Anfragen bearbeitet werden, ein Abschalten ist nicht mehr möglich", sagt DGB-Arbeitsrechtlerin Martina Perreng der Frankfurter Rundschau. In vielen Firmen habe sich die Führungsebene ausgeklinkt und überlasse die unbegrenzte Verfügbarkeit niederen Chargen. „Arbeitgeber schaffen Diensthandys ja nicht aus Nächstenliebe an, sondern sie knüpfen daran Erwartungen – und wer sich dem nicht entzieht, klappt irgendwann zusammen", warnt Perreng.

Die Folgen sind volkswirtschaftlich kostspielig. Ein Zusammenhang zwischen der Zunahme psychischer Erkrankungen und der dauernden Erreichbarkeit ist zwar nicht zweifelsfrei belegbar, plausibel aber ist er allemal.

Stefan Sauer, in: Frankfurter Rundschau vom 13. 6. 2012

1 Erläutert, weshalb Stefan Sauer Handys etc. als „die heimlichen Tyrannen unserer Zeit" (Z. 2) bezeichnet.

2 Nennt Maßnahmen, die deutsche Unternehmen bereits ergriffen haben, um ihre Mitarbeiter vor ständiger Erreichbarkeit zu schützen. Warum tun sie das?

3 Diskutiert, ob der Staat weiterreichende Maßnahmen ergreifen sollte, um Arbeitnehmerinnen und Arbeitnehmer vor der ständigen Erreichbarkeit durch ihre Arbeitgeber zu schützen.

4 Gestaltet einen Dialog zwischen einer Arbeitgeberin und einem Angestellten, in dem die beiden das Problem der ständigen Erreichbarkeit besprechen.

3. Strukturwandel in der Wirtschaft am Beispiel der Automobilindustrie (S. 148–151)

Mögliche Stundenstruktur

Erste Stunde

Phase	Material Schülerband	Methode/Sozialform
Einstieg	M 1, S. 148	Unterrichtsgespräch
Erarbeitung	M 1 + 2, S. 149	Partnerarbeit
Weiterführung	Aufgabe 6, S. 149	Hausaufgabe

Zweite Stunde

Phase	Material Schülerband	Methode/Sozialform
Einstieg	Besprechung der HA	Unterrichtsgespräch
Erarbeitung	Aufgabe 2, 4 + 5, S. 151	Gruppenarbeit (Plakat)
Problematisierung/ Sicherung	Aufgabe 6, S. 151	Einzelarbeit (Kommentar)

Die Beschäftigung mit dem Begriff der Wissensgesellschaft am Ende des vorangegangenen Kapitels schlägt die Brücke zur Betrachtung der Kondratieff-Zyklen. Die Schülerinnen und Schüler sollen die einzelnen Wellen möglichst konkret veranschaulichen und dabei überlegen, wie sich das Leben der Menschen – als Arbeiter wie als Konsumenten – durch die Basisinnovationen veränderte. Der sich anschließende Arbeitsauftrag ermöglicht es den Schülern, die Globalisierung – eine Folge der Kommunikationsrevolution (5. Welle) – von zwei Seiten her zu beleuchten und auf den Standort Deutschland zu beziehen. Die Kondratieff-Zyklen können hier ebenso zur Sprache kommen wie abermals M 4 auf S. 145 des Schülerbands: Es wäre nämlich ein Irrtum anzunehmen, dass mit der jeweils nächsten Innovationswelle alte Industrien zwangsläufig abstürben. Vielmehr ist darauf hinzuweisen, dass neue Basisinnovationen auch traditionelle Industriezweige zu revitalisieren vermögen. In diesem Kontext ist außerdem der Begriff der Dienstleistungsgesellschaft – wie im vorigen Kapitel der der Wissensgesellschaft – zu problematisieren. Denn die windungsreiche weltwirtschaftliche Entwicklung seit der Entzauberung der *New Economy* kurz nach der Jahrtausendwende führt vor Augen, dass vermeintlich gestrige Industriebranchen durchaus eine glänzende Zukunft haben können. Die Hausaufgabe lenkt den Blick auf einen weiteren, neben der Bedeutung von Innovationen und der Globalisierung wesentlichen Aspekt, der die in der nächsten Stunde folgende Auseinandersetzung mit der deutschen Automobilindustrie konturieren hilft: den Export.

Lösungshinweise zu den Aufgaben im Schülerband

Seite 149, Aufgabe 2:

Der Fortschritt der Wissenschaften führt – verstärkt seit dem späten 18. Jahrhundert – unentwegt zu Innovationen. Da die Bedürfnisse der Menschen kaum Beschränkungen unterliegen, bringen diese Innovationen neue Branchen hervor. Basisinnovationen revolutionieren Kondratieff zufolge sogar die Struktur des Wirtschaftens selbst. Eine Folge des Strukturwandels ist, dass sich das Gewicht zwischen einzelnen Branchen verschiebt. Jene Branchen, die von der technologischen Entwicklung überholt werden (z. B. der deutsche Kohlebergbau, der in Übersee weniger kostenträchtig ist, weshalb sich aufgrund gesunkener Transportkosten der Import lohnt), gehen entweder ganz unter oder müssen ihre Belegschaft erheblich reduzieren, was in Regionen mit industrieller Monostruktur zu erheblichen Problemen führt. Andererseits hat der Strukturwandel in den letzten hundert Jahren eine merkliche Humanisierung der Arbeitswelt bewirkt, da gefährliche oder schwere Tätigkeiten zusehends von Maschinen oder Robotern übernommen wurden (z. B. beim Lackieren von Autos).

Seite 149, Aufgabe 3:

Die Statistik, die der Verband der deutschen Automobilindustrie 2012 veröffentlicht hat, zeigt, dass die Autokonzerne in Deutschland seit 1970 ihren Pkw-Absatz im Ausland mehr als verdoppeln konnten. Einen Einbruch gab es Mitte der Siebzigerjahre, der mit der Ölkrise und der weltweiten Rezession in Zusammenhang steht. Mit dem Ende des Ost-West-Konflikts, der Öffnung der Grenzen in Europa und dem Aufschwung der Schwellenländer beschleunigte sich das Exportwachstum seit den Neunzigerjahren spürbar. Der Dämpfer infolge der Finanzkrise 2008/2009 war nur eine vorübergehende Erscheinung. Daraus lässt sich schließen, dass die deutsche Automobilindustrie stark von der Internationalisierung des Handels profitiert.

Seite 149, Aufgabe 4:

In M 3 wird beschrieben, wie Bochum wiederholt vom Strukturwandel förmlich überrollt worden ist: Die Kohlezechen haben geschlossen, die Stahlindustrie steht unter globalem Druck und das Werk des Handyherstellers Nokia wurde vor Jahren nach Rumänien verlagert. Nun kommt die Krise des Autobauers Opel hinzu, dessen Bochumer Werk einst als Antwort auf die Krise der Montanindustrie gegolten hatte. Seit Jahren hatten die Opelaner unter der drohenden Verlagerung der Produktion an andere Opel-Standorte gelitten. Mit der Ankündigung der Opel-Muttergesellschaft General Motors, das Bochumer Werk 2016 zu schließen, wurden die schlimmsten Befürchtungen wahr.
Mögliche Reaktion der Betroffenen:

- Proteste und Streiks der Mitarbeiter
- Suche nach neuen Jobs bereits vor dem Jahr 2016
- Weiterqualifikation, um vom Trend hin zur Wissensgesellschaft zu profitieren
- die Stadt Bochum und das Land Nordrhein-Westfalen können versuchen, durch Ansiedlung neuer Betriebe den Arbeitsplatzabbau abzufedern

Seite 149, Aufgabe 5:

Die Manager könnten darauf hinweisen, dass der unaufhaltsame Strukturwandel eine ständige Anpassungsbereitschaft der Beschäftigten an neue Technologien und neue Formen der (flexibleren) Arbeitsorganisation verlangt. Nur durch Innovation, die seitens der Mitarbeiter die Bereitschaft zur Fort- und Weiterbildung voraussetzt, können Unternehmen mit der internationalen Konkurrenz mithalten.
Die Mitarbeiterinnen und Mitarbeiter könnten darauf dringen, dass die Unternehmen in die Weiterbildung investieren und durch gute Arbeitsbedingungen den Fachkräftemangel bekämpfen. Die sich intensivierende Globalisierung dürfe nicht dazu führen, die Belegschaften gegeneinander auszuspielen. Zudem sei auch die Politik gefragt, um innovativen, aber teuren Produkten zum Durchbruch zu verhelfen. Der Strukturwandel der Wirtschaft dürfe jedenfalls nicht auf dem Rücken der Mitarbeiter ausgetragen werden. Verschlafe ein Unternehmen die Entwicklung, sei das die Schuld des Managements, nicht der Belegschaft.

Seite 149, Aufgabe 6:

Exportquoten (2011)

- Automobilindustrie (Pkw): 77 %
- chemische Industrie: 52 %
- Maschinenbau: 75 %
- Elektroindustrie: 47 %
- Landwirtschaft: 26 %

Vorteile:

- Streuung des Risikos: Man ist nicht nur von einem Land abhängig. In der Regel werden nicht alle Länder gleichzeitig in eine Krise gerissen.
- geringere Abhängigkeit vom Binnenmarkt
- Ansporn zur Innovation: Unterschiedliche Konsumenten haben unterschiedliche Erwartungen an ein Produkt.

Nachteile:

- Abhängigkeit von Entwicklungen im Ausland, die man selbst nur unzureichend beeinflussen kann.
- Erpressbarkeit: Staaten mit einem hohen Importanteil können Importlizenzen an Bedingungen knüpfen, z. B. die Produktion von einzelnen Teilen im Importland, den Technologietransfer.

Seite 149, Aufgabe 7:

Mögliche Gründe

- Autos dienen nicht mehr im selben Maße als Statussymbol wie zuvor
- hohe Anschaffungskosten
- gestiegene Benzinpreise
- Ausbau des ÖPNV und des Carsharings

Mögliche Reaktion der Autoindustrie

- kostengünstigere Einstiegsmodelle
- Beteiligung an Carsharing
- Vernetzung von Autos

Seite 151, Aufgabe 1:

- Reduzierung des Flächenverbrauchs für Straßen
- Einsatz alternativer Kraftstoffe
- neue Antriebstechniken (Elektro/Hybrid)
- Verlagerung des Güterverkehrs auf die Schiene

Seite 151, Aufgabe 2:

	Chancen	Risiken
Unternehmer	■ Teilhabe an Innovationen, die den unternehmerischen Erfolg sicherstellen ■ Verbesserung des Images	■ hohe Ausgaben für Forschung und Entwicklung ■ Unsicherheit über Zuspruch seitens potentieller Käufer
Mitarbeiter	■ Sicherung von Arbeitsplätzen durch Investitionen in Zukunftstechnologie ■ Chancen der Weiterbildung	■ drohender Arbeitsplatzverlust bei fehlender Qualifikation ■ Notwendigkeit der Weiterqualifikation
Konsumenten	■ Möglichkeit des ökologisch verträglichen Individualverkehrs	■ hohe Anschaffungskosten ■ geringe Reichweite der alternativ angetriebenen Pkw ■ momentan fehlende Infrastruktur (z. B. Elektrotankstellen)
Staat	■ rechtzeitiger Einstieg in einen absehbaren Strukturwandel ■ Verbesserung der Ökobilanz	■ Druck seitens der Produzenten und Konsumenten, den Kauf entsprechender Pkw zu subventionieren

Seite 151, Aufgabe 3 u. 4:

Selbsttätigkeit der Schülerinnen und Schüler

Seite 151, Aufgabe 5:

Der Staat kann den Umstieg auf Autos mit alternativem Antrieb fördern, indem er

- die Forschung und Entwicklung an staatlichen Hochschulen vorantreibt, damit deutsche Unternehmen von entsprechenden Forschungsergebnissen unmittelbar profitieren
- die Weiter- und Umqualifizierung der betroffenen Belegschaften unterstützt
- den Kauf von Elektromobilen steuerlich fördert
- den Ausbau der notwendigen Infrastruktur forciert
- die Energiewende mit dem Ausbau regenerativer Energien zum Erfolg macht.

Seite 151, Aufgabe 6:

Der Kommentar müsste darauf abheben, dass deutsche Hersteller in der Auto-Umweltliste nur spärlich vertreten sind. Eine mögliche, viel diskutierte Ursache wäre, dass deutsche Autokonzerne die Entwicklung verschlafen haben. Andererseits könnten sie damit aber auch schlichtweg die Kaufzurückhaltung deutscher Konsumenten widerspiegeln. Mögliche Folgen könnten sein, dass deutsche Produzenten gegenüber ihren Konkurrenten in Japan oder Frankreich ins Hintertreffen geraten. Sollten deutsche Autokäufer in Zukunft verstärkt auf Elektromobilität setzen, müssten sie auf ausländische Modelle zurückgreifen.

4. Ende des Normalarbeitsverhältnisses – Neue Unsicherheit? (S. 152–153)

Mögliche Stundenstruktur

Phase	Material Schülerband	Methode/Sozialform
Einstieg	M 1, S. 152	Unterrichtsgespräch (Karikatur), Unterrichtsgespräch
Erarbeitung	Aufgabe 2, S. 153	Einzelarbeit
Problematisierung/ Sicherung	Aufgabe 3, S. 153	Gruppenarbeit, Rollenspiel
Weiterführung	Aufgabe 4, S. 153	Hausaufgabe

Als Einstieg dient eine bissige Karikatur zur Problematik der Zeit-/Leiharbeit. Das Unterrichtsgespräch darüber sollte die einzelnen Facetten und gestalterischen Elemente der Karikatur hinreichend zur Sprache bringen. In Einzelarbeit vergleichen die Schülerinnen und Schüler dann die Aussage der Karikatur mit dem Artikel, dem eine aktuelle Studie zur Leiharbeit zugrunde liegt. Nach der Auswertung im Unterrichtsgespräch erörtern die Schüler die Vor- und Nachteile von Leiharbeit, um anschließend eine Pro- und Kontra-Diskussion durchzuführen. Die Hausaufgabe rückt den Begriff der atypischen Beschäftigungsverhältnisse in den Mittelpunkt.
Bei der Besprechung der Hausaufgabe sind verschiedene Formen atypischer Beschäftigungsverhältnisse ebenso zu berücksichtigen wie die Folgen für die Beschäftigten und die Gesellschaft. Auch wenn der Sozialstaat erst im folgenden Schuljahr behandelt wird, ist die systemisch-finanzielle Dimension des Normalarbeitsverhältnisses kurz anzureißen.

Lösungshinweise zu den Aufgaben im Schülerband

Seite 153, Aufgabe 1:

Gerhard Mesters Karikatur zeigt die Anlieferung von Leiharbeitern an der Laderampe eines Betriebs. Die Leiharbeiter befinden sich in einer Transportkiste, die ein Gabelstapler gerade – von einem Lkw mit der Aufschrift „Zeitarbeit“ kommend – an die Rampe fährt, wo ein Vertreter des Unternehmens sie in Empfang nehmen will. Die Kiste trägt die Aufschrift: „12 Stück Leiharbeiter, sortiert“. Zusätzlich befinden sich Angaben zum Geschlecht, Alter und der Größe der Leiharbeiter auf der Kiste. Die Beschriftung der Kiste bringt die Kritik Mesters an der Praxis der Leiharbeit auf den Punkt: Die angelieferten Arbeiter werden wie handelsübliche Ware („Stück“) kategorisiert. Sie kommen auf Bestellung über den Eingang für Waren in den Betrieb, an den sie im Dutzend verliehen werden.

Seite 153, Aufgabe 2:

Laut M 2 verdrängen Zeitarbeiter zwar nicht die Stammbelegschaft, aber sie müssen unter schlechteren Konditionen die gleiche Arbeit verrichten wie diese. Ursprünglich mit dem Ziel ausgedehnt, Arbeitslose und Geringqualifizierte in Lohn und Brot zu bringen, hat sich die Leiharbeit zu einem mittlerweile weitverbreiteten Phänomen entwickelt. Offenbar werden zumindest teilweise aus Leih- Stammarbeiter.
Der Artikel differenziert das von Mester gezeichnete Bild, ohne die Schattenseiten der Leiharbeit abzustreiten.

Seite 153, Aufgabe 3:

Vorteile	Nachteile
■ Flexibilisierung der Personalausstattung ■ Brücke für Erwerbslose und Geringqualifizierte ins Berufsleben	■ schlechtere Arbeitsbedingungen (vor allem deutlich niedriger Lohn als Stammbelegschaft) ■ unsicherer Arbeitsplatz ■ Zwei-Klassen-Gesellschaft im Betrieb ■ möglicherweise Verdrängung der Stammbelegschaft

Seite 153, Aufgabe 4:

- zeitlich befristete Beschäftigungsverhältnisse, die nicht vom allgemeinen Kündigungsschutz erfasst sind
- Arbeit, die außerhalb des allgemein üblichen Sozialversicherungsschutzes ausgeübt wird, z. B. Minijobs
- selbstständige Arbeit ohne Angestellte, insbesondere dann, wenn es sich um ein Quasi-Arbeitnehmerverhältnis handelt, ohne entsprechenden arbeits- und sozialrechtlichen Schutz
- Beschäftigung mit einem geringen Monats- oder Stundenlohn

5. Sozialpartner – und manchmal Gegner (S. 154–155)

Mögliche Stundenstruktur

Phase	Material		Methode/Sozialform
	Schülerband	Lehrerband	
Einstieg		Karikatur von Tomicek (Arbeitsblatt)	Unterrichtsgespräch
Erarbeitung	Aufgabe 1 + 2, S. 155		Partnerarbeit, Unterrichtsgespräch
Problematisierung/ Sicherung	Aufgabe 3, S. 155		Einzelarbeit, Unterrichtsgespräch

Zum Auftakt dieses Kapitels beschäftigen sich die Schülerinnen und Schüler mit einer Karikatur, die auf den Tarifkonflikt zwischen Verdi und den öffentlichen Arbeitgebern im Frühjahr 2012 Bezug nimmt. In der anschließenden Partnerarbeit untersuchen die Schüler die Details des Tarifkonflikts und vergleichen diese mit dem üblichen Ablauf eines Tarifstreits. Die Schüler sind dann aufgefordert, die unterschiedlichen Bewertungen des Tarifabschlusses zu erläutern. Daran können sich weitergehende Betrachtungen anschließen, die auf die Behandlung der Wirtschaftspolitik zu einem späteren Zeitpunkt vorausweisen, die zwischen den Polen der Angebots- und der Nachfragetheorie oszilliert. Zu fragen wäre etwa: Welche Konsequenzen hat ein aus Gewerkschaftssicht erfolgreicher Tarifabschluss für die betroffenen Unternehmen? Könnte es sein, dass die Arbeiter und Angestellten mittelfristig verlieren, obwohl sie kurzfristig gewonnen haben? Was geschieht, wenn sich die Tarifpartner auf Abschlüsse eignen, deren Konsequenzen von der Gesellschaft als Ganzer zu bewältigen sind? Im Rahmen der Hausaufgabe klären die Schüler die Begriffe Inflation und Produktivität, die im Zusammenhang mit Tarifabschlüssen immer wieder genannt werden.

Lösungshinweise zu den Aufgaben im Schülerband

Seite 155, Aufgabe 1:

Gewerkschaften	Arbeitgeber
■ 6,5 Prozent mehr Lohn ■ mindestens 200 Euro mehr im Monat ■ Signalwirkung für andere Tarifverhandlungen	■ 3,3 Prozent über zwei Jahre; das entspricht ca. 1,7 Prozent pro Jahr

Seite 155, Aufgabe 2:

Der Tarifkonflikt kam nicht über das Stadium der Warnstreiks hinaus, da es die öffentlichen Arbeitgeber nicht auf einen Großkonflikt ankommen lassen wollten. Ein Schlichtungsverfahren war daher nicht notwendig.

Seite 155, Aufgabe 3:

Die Arbeitgeberseite sieht die Schmerzgrenze erreicht, da der Tarifabschluss die öffentlichen Haushalte stark belastet. Immerhin konnte ein Streik vermieden werden.
Die Gewerkschaften loben den Tarifabschluss.
Die Bundesbank möchte im Tarifabschluss keine Signalwirkung für andere Tarifkonflikte sehen, da sie einen Anstieg der Inflation befürchtet.
Die FDP-Vertreterin betont, dass die Belegschaften nach Jahren der krisenbedingten Zurückhaltung nun zu Recht wieder in den Genuss einer kräftigen Lohnerhöhung gekommen seien.

Seite 155, Aufgabe 4: Das Verhältnis von Arbeitgebern und Gewerkschaften ist gemäß Art. 9 GG partnerschaftlich organisiert, da beide Seiten ohne Einmischung des Staates Fragen der Arbeitsbedingungen selbstständig regeln müssen und daher auf einen pfleglichen Umgang miteinander angewiesen sind. Die Tarifautonomie hat sich bewährt, was man an der geringen Zahl der Streiktage (2011: 304 000; Großbritannien: 1,4 Mio) in Deutschland sieht. Die Tarifpartner einigen sich also meist, bevor es zu einem großen Konflikt kommt, der die gesamte Volkswirtschaft in Mitleidenschaft ziehen könnte.
Vor allem in Zeiten der Massenarbeitslosigkeit – wie etwa zu Beginn des vergangenen Jahrzehnts – wird indes kritisch angemerkt, dass die Tarifparteien die Lage der Erwerbslosen zu wenig berücksichtigen und Abschlüssen zustimmen, deren Folgen die Gesellschaft als Ganze zu tragen hat (wenn z. B. Arbeitgeber aus Furcht vor Streiks starken Lohnerhöhungen zustimmen, in der Folge aber Arbeitskräfte entlassen, die dann von der Arbeitslosenversicherung zu finanzieren sind).

Lösungshinweise zum Arbeitsblatt

Zu Aufgabe 1: Der Zeichner thematisiert den Tarifkonflikt im öffentlichen Dienst im Jahr 2012. Er nimmt die Perspektive der ÖPNV-Nutzer ein: Diese werden durch die Warnstreiks der Gewerkschaften, die eine Lohnerhöhung um 6,5 Prozent durchsetzen wollen, in den Würgegriff genommen. Der Mann, der mit dem Bus fahren möchte, gerät also zwischen die Fronten: Die Gewerkschaften können ihre Forderungen nur durchsetzen, wenn sie z. B. die Verkehrsbetriebe lahmlegen, um die öffentlichen Arbeitgeber an den Verhandlungstisch zu zwingen. Ähnliche Konfliktsituationen gibt es auch, wenn Flughäfen oder Krankenhäuser bestreikt werden.

Zu Aufgabe 2: Selbsttätigkeit der Schülerinnen und Schüler

M1 6,5 % mehr Geld

Zeichnung: Jürgen Tomicek

1 Beschreibt die Abbildung. Erläutert, wie der Karikaturist den Tarifkonflikt von 2012 sieht.

2 Versetzt euch in die Lage der Figur an der Bushaltestelle. Was würde sie der Figur sagen, die sie in der Hand hält?

6. Mitbestimmung – Demokratie im Betrieb? (S. 156–157)

Mögliche Stundenstruktur

Phase	Material Schülerband	Methode/Sozialform
Einstieg	M 2, S. 156	Unterrichtsgespräch
Erarbeitung	Aufgabe 2, S. 156	Einzelarbeit, Unterrichtsgespräch
Problematisierung/ Sicherung	Aufgaben 3-6, S. 157	Gruppenarbeit, Unterrichtsgespräch

Die Karikatur Hans Siggs führt auf drastische Weise den Herr-im-Haus-Standpunkt vor Augen, wie er zur Zeit der Industrialisierung gang und gäbe war: Der Fabrikdirektor leitet seinen Betrieb nach Gutsherrenart, denn schließlich sei er „Privatsache". Dies schließe auch schlechtes Management ein. Der Direktor übersieht dabei jedoch die Konsequenzen für die – modern gesprochen – Stakeholder, hier: die Belegschaft. Sie muss die Folgen schlechter Geschäftsstrategien ausbaden und Entlassungen in Kauf nehmen. Dieser Einstieg sensibilisiert die Schülerinnen und Schüler für Fragen der Mitbestimmung, die sich im Betriebsrat und im Aufsichtsrat der Kapitalgesellschaften manifestiert. Der sich anschließende Blick auf zwei für das Wirtschaftsleben zentrale Normen des Grundgesetzes, nämlich das Koalitionsrecht und den (nicht grenzenlosen) Schutz des Eigentums, fundiert die Problematik weiter. Die Gruppenarbeit bietet dann eine Gelegenheit, anhand eines konkreten und keineswegs exotischen Falls die Bedeutung des Betriebsrats auszuloten. Dabei geht es zum einen um die Notwendigkeit der Etablierung eines Betriebsrats, andererseits um die Widerstände seitens der Unternehmensleitung. An dieser Stelle ließe sich überdies die Frage reflektieren, welche Nachteile mit der Einrichtung eines Betriebsrats verbunden sind. Die Schülerinnen und Schüler könnten ihre Ergebnisse auch in Form eines Streitgesprächs zwischen Arbeitnehmervertretern und Geschäftsführung präsentieren, je nachdem wie häufig diese Methode in den vorangegangenen Stunden bereits eingesetzt worden ist. Am Schluss der Stunde könnte zudem die Frage aufgeworfen werden, ob sich die Geschäftsführung des Logistikstandorts verhält wie der karikierte Fabrikdirektor alten Schlags.

Lösungshinweise zu den Aufgaben im Schülerband

Seite 156, Aufgabe 1: Hans Siggs Karikatur zeigt in zugespitzter Form den Herr-im-Haus-Standpunkt, wie er vor allem im Zeitalter der Industrialisierung im 19. Jahrhundert weitverbreitet war. Der Unternehmer sieht schlechtes Management als Privatsache an, auch wenn darunter die Belegschaft leidet, wie die entlassenen Mitarbeiter verdeutlichen. Das im Grundgesetz verbriefte und für eine freiheitlich verfasste Gesellschaft unerlässliche Eigentumsrecht (Art. 14) gilt indes nicht unbeschränkt. Ihm haftet die Verpflichtung an, das Gemeinwohl zu berücksichtigen. Es ist freilich schwierig, das Gemeinwohl zu definieren und – im konkreten Fall – zu entscheiden, ob schlechtes Management justiziabel oder Privatsache der Eigentümer ist. Um Aspekte des Gemeinwohls in unternehmerische Entscheidungen einfließen zu lassen, ermöglicht es das Koalitionsrecht (Art. 9 GG) den Vertretern von Arbeit und Kapital, Vereinigungen zu gründen. Das deutsche Mitbestimmungsrecht ermöglicht es zudem Vertretern der Arbeitnehmer in Kapitalgesellschaften, die Arbeit des Vorstands mit zu beaufsichtigen.

Seite 156, Aufgabe 2: Das Mitbestimmungsrecht, das anfangs nur in der Montanindustrie galt und seit den Siebzigerjahren auf andere Branchen ausgedehnt wurde, setzt die verfassungsrechtlichen Normen der Artikel 9 und 14 in konkrete Formen um. Der Arbeitnehmerseite wird in Kapitalgesellschaften – die über viele Mitarbeiter und in der Regel über erheblichen gesellschaftlichen Einfluss verfügen – das Recht zur Mitsprache nicht nur in unmittelbaren Belangen der Belegschaft, sondern auch auf der Ebene der Geschäftspolitik eingeräumt. Somit soll sichergestellt werden, dass nicht nur die Interessen der Kapitaleigner (shareholder) Berücksichtigung finden.

Seite 157, Aufgabe 3 u. 4: Selbsttätigkeit der Schülerinnen und Schüler

Seite 157, Aufgabe 5:

Paragraph 1 des Kündigungsschutzgesetzes grenzt den Begriff der sozial ungerechtfertigten Kündigung stark ein, indem es ihn mit zahlreichen Ausnahmen flankiert. Demnach ist eine Kündigung statthaft, wenn

- die Person oder das Verhalten des Arbeitnehmers dazu Anlass gibt
- eine dringende betriebliche Erfordernis vorliegt
- soziale Gesichtspunkte ausreichend berücksichtigt werden
- die Betroffenen nicht über besondere Kenntnisse, Fähigkeiten und Leistungen verfügen und daher im Rahmen einer Auswahl eine Kündigung erhalten.

Seite 157, Aufgabe 6:

In den vergangenen Jahren boten hohe Managergehälter wie das für den VW-Vorstandsvorsitzenden Martin Winterkorn, der 2011 eine Gesamtvergütung von ca. 17 Millionen Euro erhielt, erheblichen Zündstoff. Kritische Fragen richteten sich in diesem Zusammenhang an die Gewerkschaftsvertreter in Aufsichtsräten, in denen diese Gehälter zur Sprache kommen (müssten). Allerdings scheinen die Gewerkschaftsvertreter diese Aspekte in der Regel der Kapitalseite zu überlassen und konzentrieren sich hauptsächlich auf die Belange der Arbeitnehmer. Dieses Arrangement leistet Kritikern der Mitbestimmung Vorschub, die behaupten, Gewerkschaftsvertretern fehle meist die Kompetenz, die Geschäftspolitik einer Kapitalgesellschaft hinreichend zu durchdringen. Andere bemängeln, dass es den Kapitaleignern vorbehalten bleiben muss, über ihr Eigentum zu bestimmen. Wie die Tarifpartnerschaft scheinen sich aber auch die Regeln zur Mitbestimmung zu bewähren, was man sowohl am wirtschaftlichen Erfolg als auch an der geringen Zahl innerbetrieblicher Konflikte in deutschen Kapitalgesellschaften ablesen kann.

Kompetent? (S. 158–159)

Mögliche Stundenstruktur

Phase	Material Schülerband	Methode/Sozialform
Einstieg	Bild, S. 158	Unterrichtsgespräch
Erarbeitung	Aufgaben 1 + 2, S. 158	Einzelarbeit, Unterrichtsgespräch
Problematisierung/ Sicherung	S. 159	Rollenspiel (Mediation)
Weiterführung		

Die Rubrik KOMPETENT? bündelt die Fäden, die sich durch die nun abgeschlossene Einheit gezogen haben. Sie tut dies anhand eines Textes, der schülernah die Welt der modernen Informations- und Kommunikationstechnologie und deren Bedeutung in der Berufswelt von morgen thematisiert. Über das „Big Brother"-Motiv der Abbildung werden die Schülerinnen und Schüler zu der Problematik der Überwachung und permanenten Kontrolle am Arbeitsplatz hingeführt. Bereits vor dem Rollenspiel lassen sich im Unterrichtsgespräch die im Artikel beschriebenen Entwicklungen bzw. Entwicklungsmöglichkeiten bewerten. Folgende Aspekte könnten dabei zur Sprache kommen:

- Legitimität: Haben Arbeitgeber das Recht, ihre Belegschaft auf Schritt und Tritt zu kontrollieren, selbst dann, wenn keine Verfehlungen seitens einzelner Mitarbeiter vermutet werden.
- Gerechtigkeit: Ist es gerecht, die gesamte Belegschaft unter Generalverdacht zu stellen, nur weil es einzelne schwarze Schafe geben könnte?
- Effektivität: Stärken Überwachungsmaßnahmen den Unternehmenserfolg oder säen sie nur Misstrauen, was möglicherweise das Betriebsklima schädigt und so die Motivation der Belegschaft untergräbt und zur Abwanderung aus dem Unternehmen führt?

In dem sich anschließenden Rollenspiel in Form einer Mediation problematisieren die Schüler handlungsorientiert und mit dem Ziel einer geschärften Urteilskompetenz die in dem Artikel beschriebenen Tendenzen.

Lösungshinweise zu den Aufgaben im Schülerband

Seite 158, Aufgabe 1:

- E-Mails, Facebook, Twitter machen die Formulierung von Regeln zur Benutzung sozialer Netzwerke nötig
- zur Überwachung dieser Regeln können Unternehmen spezielle Software einsetzen, die Datenströme auswerten
- diese Software erfasst Namen von Mitgliedskonten bei Facebook und fertigt Protokolle z. B. über den E-Mail-Verkehr an
- daneben kann die Leistungsfähigkeit der Mitarbeiter „gemessen" werden, was neben anderen elektronisch erfassten Daten bei Beförderungen und Bewerbungen zu Rate gezogen wird
- ebenso werden Kündigungsmuster erfasst, um „Wackelkandidaten" zu eruieren

Seite 158, Aufgabe 2:

Landwirtschaft
- neue Beschäftigungsmöglichkeiten für Frauen aus dem ländlichen Raum
- Direktvermarktung von Produkten
- Multiplikation und Austausch von neuen Konzepten bzw. Informationen
- Kontrolle der Fütterung und des Melkroboters über Handyalarmierung

Automobilindustrie
- Verbesserung der internen Kommunikation und Kooperation
- Intensivierung des Business-to-Consumer-Kontakts
- schnellere Reaktion auf kommunikative Krisen
- Rekrutierung neuer Arbeitskräfte
- Forschungs- und Entwicklungsplattformen für Lieferanten, Kunden, Hochschulen

Bankwesen
- Ansprache von bestehenden und potenziellen Kunden
- Employer Branding: Maßnahmen, die darauf abzielen, ein Unternehmer als möglichst attraktiven Arbeitgeber zu präsentieren
- virales Marketing
- Vertrieb von Finanzprodukten

Seite 158, Aufgabe 3:

- Nach dem Bespitzelungsskandal bei Lidl und der Telekom 2008 gibt es eine gesteigerte Sensibilität für Fragen des Datenschutzes am Arbeitsplatz.
- Einstellungsuntersuchungen sind nur bei bestimmten Berufen, z. B. Piloten, zulässig.
- Wenn die private Nutzung des Internets untersagt ist, sind alle E-Mails wie normale Geschäftsbriefe zu behandeln, d. h., der Arbeitgeber darf sie einsehen.
- Auch wenn sich der Arbeitnehmer über eine klare Dienstanweisung hinwegsetzt und verbotenerweise telefoniert, darf ihn sein Arbeitgeber nicht abhören. Aber der Arbeitnehmer riskiert mindestens eine Abmahnung, wenn nicht sogar eine Kündigung.
- Ein Gesetzentwurf der Bundesregierung zum Beschäftigtendatenschutz liegt den parlamentarischen Gremien seit 2010 vor. Das Gesetz soll Informationspflichten für Arbeitgeber gegenüber ihren Beschäftigten einführen.

Was werden?

Vorbemerkungen zur Unterrichtseinheit

Um ihre Zukunft planen und gestalten zu können, benötigen junge Menschen eine Orientierung über bestehende Berufsmöglichkeiten und die Organisation der Ausbildungs- und Arbeitswelt. Die Bildungsstandards im Fach Wirtschaft sehen vor, dass die Schülerinnen und Schüler Einblicke in die Berufs- und Arbeitswelt bekommen und sich Gedanken über ihren künftigen Beruf machen. Von diesen Vorgaben lässt sich das vorliegende Kapitel leiten. In der handlungsorientierten Beschäftigung mit verschiedenen Ausbildungswegen und Berufsperspektiven werden die Schülerinnen und Schüler zur gezielten Berufswahl angeregt.

Die Schülerinnen und Schüler führen zumeist in Klasse 10 ihr Betriebspraktikum durch. Für einen Großteil der Jugendlichen ist es das erste Mal, für ein oder zwei Wochen den Arbeitsalltag außerhalb der Schule kennenzulernen. Einige Schülerinnen und Schüler werden bereits nach der 10. Klasse das Gymnasium verlassen, um als Auszubildende/Auszubildender in einem Unternehmen, einer Behörde etc. anzufangen. Den anderen steht nach dem Abitur die Entscheidung über ihre berufliche Zukunft – die passende Ausbildung, das geeignete Studium – bevor. Umso wichtiger erscheint es, sich frühzeitig Gedanken über die vorhandenen Berufs- bzw. Studienmöglichkeiten, die Anforderungen des angestrebten Berufsfelds und die grundsätzlichen Bedingungen gegenwärtiger Arbeitsverhältnisse und -bedingungen zu machen. Im Rahmen dieses Kapitels werden Hilfestellungen zum Verfassen von Anschreiben und Lebensläufen geboten und zum Auftreten bei Bewerbungsgesprächen. Darüber hinaus werden Anregungen gegeben, worauf bei der Durchführung des Praktikums zu achten ist (Methodenseite S. 173).

Aufgabe der Berufsorientierung ist es aber zunächst, dass die Schülerinnen und Schüler ihre Vorstellungen und Wünsche sowie eigene Stärken und Schwächen reflektieren. Ein Schwerpunkt bei der Vermittlung von möglichen Berufsperspektiven ist die Entscheidung zwischen Studium und Ausbildung. Durch einen Perspektivwechsel erarbeiten die Schülerinnen und Schüler die Anforderungen von Unternehmen an ihre Mitarbeiter. Für viele Schülerinnen und Schüler ist auch die Frage von Interesse, inwiefern das Geschlecht eine Rolle spielt bei der Berufswahl und bei Berufs- und Karriereperspektiven. Die Schülerinnen und Schüler sollen Angebote wie mögliche Auslandsaufenthalte im Rahmen von Ausbildung und Studium und deren Vor- und Nachteile kennenlernen. Im Rahmen des Kapitels kommen aber auch aktuelle Entwicklungen im Bewerbungsprozess zur Sprache: Welche Rolle spielen soziale Netzwerke bei der Bewerbung? Wie laufen Assessment Center ab und welche Folgen haben diese für die Bewerber? Die KOMPETENT?-Seiten nehmen die Themen des Kapitels nochmals auf und vertiefen die im Kapitel eingeführte Analyse von Stellenanzeigen.

Literaturhinweise

Bundesagentur für Arbeit/Kultusministerkonferenz (Hrsg): *Studien& Berufswahl 2012/2013*, 42. Aufl., Nürnberg 2012

Bundeszentrale für politische Bildung (Hrsg.): *fluter: Tu doch mal was! Arbeit, Nr. 36,* Herbst 2010 (als PDF unter: *www.fluter.de/heftpdf/issue92/artikel8842/pdf_article8842.pdf*, Zugriff am 8. 11. 2012)

Hesse, Schrader: *Die überzeugende schriftliche Bewerbung. Bewerbungsanschreiben und Lebenslauf erfolgreich formulieren und optimal gestalten*, Frankfurt 2008

Fritz, Sabine/Ebner, Peter H.: *Berufswahl: Das will ich – das kann ich – das mach ich. Lebensplanung spielerisch ausprobieren* (Lernmaterial), Essen 2005

Schmid, Josef: *Wer soll in Zukunft arbeiten? Zum Strukturwandel der Arbeitswelt*, in: Aus Politik und Zeitgeschichte Nr. 48 vom 29. 11. 2010

Schulze, Gina: *Arbeit – Leben – Glück: Wie man herausfindet, was man werden will*, München 2005

Shell Deutschland (Hrsg.): *Jugend 2010. Eine pragmatische Generation behauptet sich*, 16. Shell Jugendstudie 2010, Frankfurt a. M. 2010

Links im Internet

Bundesagentur für Arbeit:
www.arbeitsagentur.de
Bundeszentrale für politische Bildung:
www.bpb.de
BOGY-Kompass (u. a. des Kultusministeriums):
http://www.schule-bw.de/schularten/gymnasium/bogy/docs/bogy_kompass.pdf
Bundesagentur für Arbeit/Kultusministerkonferenz, Portal zur Studien- und Berufswahl:
www.studienwahl.de
Verdi-Jugend; Infoportal zu Berufsorientierung, Ausbildung, Studium usw.:
www.ausbildung.info

Lernwege

Querverweise	Inhalt	Handlungsorientierte Methoden
	0. Auftaktseite	
	1. Welcher Beruf passt zu mir?	Berufsfelder recherchieren
	2. Studium oder Ausbildung?	Pro- und Kontradiskussion
	3. Schlüsselqualifikationen – was ist was?	Stellenanzeigen analysieren
Trends der modernen Arbeitswelt, S. 146 f.	4. Geschlecht und Berufswahl	Umfrage
	5. Jobs ohne Grenzen?	Einpunktabfrage, Recherche
	6. Die Berufsorientierung am Gymnasium – von der Bewerbung bis zur Auswertung	Verfassen einer Stellenbeschreibung, Rollenspiel Bewerbungsgespräch
	7. Sind Sie die bzw. der Richtige?	
	KOMPETENT ?	Bewerbertraining simulieren, Entwerfen eines Dialogs

1. Welcher Beruf passt zu mir? (S. 162–163)

Mögliche Stundenstruktur

Phase	Material		Methode/Sozialform
	Schülerband	Lehrerband	
Einstieg	Auftaktseite; M 1, S. 162, Aufgabe 1		Einzelarbeit, Unterrichtsgespräch
Erarbeitung 1	M 3, S. 163, Aufgabe 2	Zusatzmaterial „Interessen – welche Berufe passen?“	Einzelarbeit, Unterrichtsgespräch
Erarbeitung 2	M 2, S. 162, Aufgabe 3+4, S. 163		Einzelarbeit (Recherche)

Zum Einstieg können die Auftaktseiten genutzt werden. Der Kontrast zwischen dem großen Foto, den beiden Zitaten, welchen unterschiedliche Vorstellung von „Berufsorientierung“ zugrunde liegen und dem ratlos blickenden Schüler könnte eine Diskussion über die Bedeutung der Berufswahl anregen und ein Gespräch darüber in Gang bringen, welche Weichen für den künftigen Beruf zu welchem Zeitpunkt gestellt werden sollten und welche Folgen diese Weichenstellung haben kann.
M 1 dient als Orientierungshilfe um Berufswünsche zu begründen. Dies muss zwangsläufig eine offene Auflistung sein, weitere Gründe wie familiäre Traditionen können von den Schülerinnen und Schülern genannt werden.

M 3 kann auf unterschiedliche Weise verwendet werden. Es kann in den Unterricht integriert (wie in der Stundenstruktur vorgeschlagen) oder den Schülerinnen und Schülern lediglich zur Anregung als Hausaufgabe aufgegeben werden. Im zweiten Fall bliebe Zeit für die Recherche zu M 2.

Lösungshinweise zu den Aufgaben im Schülerband

Seite 163, Aufgabe 1+2: Individuelle Schülerlösungen

Seite 163, Aufgabe 3: Es bietet sich an, die Berufswahlgründe und Berufsmerkmale auf die recherchierten Berufe zu beziehen.

Seite 163, Aufgabe 4: was-studiere-ich und borakel bieten eine Orientierungshilfe zu Studieninteressen, planet-berufe zu Ausbildungsberufen, bw-cct zum Beruf des Lehrers

M1 Interessen – welche Berufe passen?

Um herauszufinden, welcher Beruf zu euren Interessen passt, müsst ihr euch zuerst darüber klar werden, welche Merkmale er haben sollte. Zwei Punkte sind dabei besonders wichtig:

1. **Was** möchtet ihr in eurem späteren Beruf überwiegend tun?
2. **Womit** möchtet ihr vor allem zu tun haben?

Merkmalsbereich „Was?“	+	o	–
anbauen/ernten			
bauen/konstruieren			
herstellen/zubereiten			
kaufen/verkaufen/bedienen/ beraten/kalkulieren			
behandeln/pflegen			
erziehen/unterrichten			
gestalten/entwerfen/zeichnen			
montieren/installieren/ reparieren			
prüfen/untersuchen/ analysieren			
forschen/entwickeln			
schreiben/verwalten			
Maschinen steuern und bedienen			
organisieren/anleiten			
Computer bedienen/ programmieren			
sprechen			
singen/schauspielern/ musizieren			

Merkmalsbereich „Womit?“	+	o	–
Baustoffe			
chemische/synthetische Stoffe, Kunststoffe			
Elektrotechnik, Elektronik			
Fahrzeuge/Transportmittel			
Glas/Keramik/Edelsteine			
Holz/Papier			
Lebensmittel			
Mess-/Prüfgeräte			
Menschen			
Metalle			
Pläne/Entwürfe			
Zeichen-/Schreibgeräte			
Regelungen/Gesetze/ Vorschriften			
Finanzen			
Textilien/Leder			
Tiere/Pflanzen			
Büromaschinen/ Büromaterialien			
Information/Medien/ Sprache(n)			
Maschinen/Werkzeuge			

2. Studium oder Ausbildung? (S. 164–165)

Mögliche Stundenstruktur

Phase	Material Schülerband	Methode/Sozialform
Einstieg	M 1, S. 164, Aufgabe 1	Unterrichtsgespräch
Erarbeitung	M 2, S. 164, Aufgabe 2	Gruppenarbeit
Problematisierung	M 2, S. 164, Aufgabe 2	Unterrichtsgespräch (Pro-Kontra-Diskussion)
Weiterführung	M 3, S. 165, Aufgabe 3	Einzelarbeit, Unterrichtsgespräch

Die Entscheidung der Frage „Studium oder Ausbildung?“ steht für Schülerinnen und Schüler der Klassenstufe 9 natürlich nicht unmittelbar bevor. Bedenkt man aber, dass sich einige von ihnen eventuell nach der 10. Klasse entscheiden, das Gymnasium mit der mittleren Reife zu verlassen, erscheint eine Orientierung über die jeweiligen Vor- und Nachteile durchaus sinnvoll.
Die Analyse von M 1 sowie der Daten in der Randspalte bieten einen Überblick über die Bedeutung von Bildungsabschlüssen für Beschäftigungs- und Verdienstmöglichkeiten. Zur Vorbereitung der Pro-Kontra-Diskussion bearbeiten die Schülerinnen und Schüler in Gruppen verschiedene Materialien und diskutieren die Frage, ob sich eher ein Studium oder eine Ausbildung anbietet. Eine gemeinsame Auswertung in der Lerngruppe ist an dieser Stelle zwar sinnvoll, es sollten aber die individuell gewonnenen Ergebnisse der Lernenden im Mittelpunkt stehen. Die Schülerinnen und Schüler werden so in die Lage versetzt, ihre eigenen Vorstellungen zu reflektieren. Beim gemeinsamen Vergleich der Erkenntnisse bietet sich in diesem Zusammenhang die Diskussion von M 3 zum dualen Studium oder ein Blick auf die beliebtesten Ausbildungsberufe an (Recherche).

Lösungshinweise zu den Aufgaben im Schülerband

Seite 165, Aufgabe 1:

Mögliche Aussagen:
- genereller Trend: je höher der Abschluss, desto geringer die Wahrscheinlichkeit arbeitslos zu werden
- Die Arbeitslosigkeit von Menschen mit Fachhochschulreife ist etwas geringer als die Arbeitslosigkeit von Universitätsabsolventen.
- bis auf die höheren und höchsten Abschlüsse ist die Arbeitslosigkeit bei Männern höher als bei Frauen

Keine Auskunft wird über die Verteilung auf unterschiedliche Fächer und Berufe gegeben und ob die Personen in Berufen arbeiten, die ihrem Abschluss entsprechen.

Seite 165, Aufgabe 2:

Die beiden Texte bieten Argumente zu unterschiedlichen Bereichen: Einkommen, Kosten, Dauer, Aufstiegsmöglichkeiten, Ansehen, Unabhängigkeit, Abwechslung, Flexibilität etc.

Seite 165, Aufgabe 3:

Das duale Studium wird bei den meisten Schülern wohl als guter Kompromiss angesehen werden. Als mögliche Einwände können vor allem die starke Belastung (Z. 42–47) und die Konzentration auf ein Unternehmen genannt werden.

3. Schlüsselqualifikationen – was ist was? (S. 166–167)

Mögliche Stundenstruktur

Phase	Material Schülerband	Methode/Sozialform
Einstieg	Karikatur Randspalte, S. 166, Aufgabe 1	Unterrichtsgespräch
Erarbeitung	M 1, S. 166, Aufgabe 2	Gruppenarbeit
Problematisierung 1	M 1, S. 166, Aufgabe 3+4	Partnerarbeit, Unterrichtsgespräch
Weiterführung	Methodenseite, S. 167, Aufgabe 5	Einzelarbeit
Problematisierung 2	S. 167, Aufgabe 6	Unterrichtsgespräch

Über die sogenannten Schlüsselqualifikationen wird häufig gesprochen, doch was sie tatsächlich bedeuten, nur selten konkretisiert. Um diesen Mangel zu beheben, sollte ausreichend Zeit für die Besprechung von M 1 eingeplant werden. Das Material informiert altersgerecht und mit Beispielen, was von Arbeitgebern in den meisten Fällen verlangt wird. Die Aufgaben 2 bis 4 sichern eine tiefer gehende Behandlung dieses wichtigen Themas. Bei Aufgabe 4 ist darauf zu achten, dass die Schülerinnen und Schüler mit der notwendigen Ernsthaftigkeit die Benotung durchführen. Dabei soll es nicht um persönliche Sympathie gehen, sondern um eine begründete Einstufung der Klassenkameradinnen und -kameraden.
Die Auswertung der Stellenanzeige zeigt an einem Beispiel die unterschiedlichen Anforderungen eines Arbeitgebers. Ein Vergleich der Schlüsselqualifikationen mit den an der Schule erworbenen Qualifikationen (Aufgabe 6) ermöglicht sowohl die Reflexion der eigenen Rolle als auch der Institution Schule, sowie die Überlegung, wie und ob die Einübung der Schlüsselqualifikationen eine größere Rolle spielen sollte.

Lösungshinweise zu den Aufgaben im Schülerband

Seite 167, Aufgabe 1: Die Analyse erfordert eine Beschreibung (Hinweis auf den Abgrund), danach sollte die Aussage herausgearbeitet werden (Die Schule bereitet nur bedingt auf das Leben vor). Es kann infrage gestellt werden, inwiefern der Schule der Abgrund folgt.

Seite 167, Aufgabe 2: Individuelle Schülerlösungen. Die Szenen könnten z. B. darstellen welche Folgen es hat, wenn man die Schlüsselqualifikation nicht hat.

Seite 167, Aufgabe 3: Individuelle Schülerlösungen. Mögliche weitere genannte Qualifikationen sollten darauf geprüft werden, ob sie nicht in den vorgegeben Qualifikationen integrierbar sind, z. B. Höflichkeit in Kommunikationsfähigkeit.

Seite 167, Aufgabe 4: Individuelle Schülerlösungen

Seite 167, Aufgabe 5: fachliche Qualifikation (Hochschulabschluss oder Ausbildung mit entsprechender Weiterbildung), Berufserfahrung und interkulturelle Erfahrung, Kommunikationsfähigkeit (Verhandlungen, Personalführung), Belastbarkeit (schwieriges Umfeld), Flexibilität (Reisen), Deutsch- und Englischkenntnisse, Teamfähigkeit wird explizit genannt.
Das Unternehmen sucht nur Personen mit einem abgeschlossenen Hochschulstudium der angegebenen Fachrichtungen oder einer abgeschlossenen Berufsausbildung mit Weiterbildung zum/zur Techniker/-in. Die Person soll zudem auf sehr gute Englischkenntnisse zurückgreifen können und bestenfalls noch eine andere, vorzugsweise romanische Sprache sprechen. Auch Organisations- und Planungsgeschick sind Voraussetzung, ebenso wie Durchsetzungsvermögen, Kommunikationsbereitschaft und Teamfähigkeit. Der zukünftige Jobinhaber sollte gerne reisen und in der Lage sein, sowohl mit seinen eigenen als auch mit fremden Mitarbeitern sicher umzugehen, deren Leistung zu überprüfen und ggf. zu kritisieren.
Es gibt verschiedene Begründungen für diese vielen Vorkenntnisse und Fähigkeiten. Zum einen würde der zukünftige Jobinhaber mit Sicherheit in Schwierigkeiten geraten, wenn sich im Zuge des Austau-

sches mit einem nichtdeutschen Unternehmen herausstellte, dass er kein Englisch spricht und somit keine Kommunikation möglich wäre. Auch mit einer mangelnden Entscheidungsfreudigkeit würde die Person in unangenehme Situationen geraten, denn als Chef muss sie auch in prekären Situationen schnell und sicher entscheiden und sich gegenüber anderen Meinungen durchsetzen. Wer also die gefragten Fähigkeiten nicht besitzt, würde mit großer Wahrscheinlichkeit von seinen Mitarbeitern nicht ernst genommen und vielleicht sogar belächelt werden.
Wie in M 1 auf S. 162 zeigt sich auch hier die hohe Bedeutung von Sekundärtugenden und *soft skills* sowie die Wichtigkeit formaler Qualifikationen (vor allem bei Stellen nach der Ausbildung).

Seite 167, Aufgabe 6: Während fließendes Englisch direkt auf ein Fach und Allgemeinbildung auf nahezu alle Fächer bezogen werden kann, können etwa Teamfähigkeit und Kommunikationsfähigkeit mit bestimmten Unterrichtsmethoden in Verbindung gebracht werden. Die Notwendigkeit von Belastbarkeit und Flexibilität wird von Schülern sicher unterschiedlich bewertet, ebenso inwiefern Leistungsbereitschaft in der Schule gefördert und gefordert wird.

4. Geschlecht und Berufswahl (S. 168–169)

Mögliche Stundenstruktur

Phase	Material Schülerband	Methode/Sozialform
Einstieg	M 1, S. 168, Aufgabe 1	Unterrichtsgespräch
Erarbeitung 1	M 2+M 3, S. 168 f., Aufgabe 2	Einzelarbeit, Unterrichtsgespräch
Erarbeitung 2	S. 169, Aufgabe 3	Einzelarbeit
Problematisierung	S. 169, Aufgabe 4	Unterrichtsgespräch

Das Thema Frauenquote gewann in den letzten Jahren zunehmend an Wichtigkeit. Bei der Diskussion mit Schülerinnen und Schülern steht dabei zumeist die Frage im Mittelpunkt, ob es heutzutage überhaupt noch Unterschiede bei den Berufs- und Karrierechancen von Männern und Frauen gibt. Mit dieser Frage beschäftigt sich die Doppelseite.
Anhand von Statistiken (M 1 und M 2) sowie eines Artikels zur Situation von Frauen im Berufsleben wird ein Bild von den Berufswünschen und -chancen von Frauen gezeichnet.
Die Recherche staatlicher Maßnahmen zur Umsetzung von Artikel 3, Absatz 2 des Grundgesetzes bietet eine zusätzliche Grundlage für die in Aufgabe 4 angeregte Diskussion über die Notwendigkeit staatlicher Eingriffe in die Berufschancen von Männern und Frauen. Je nach Klassensituation kann als Variante eingesetzt werden, dass die Schüler für und die Schülerinnen gegen staatliche Maßnahmen zur Gleichstellung von Männern und Frauen argumentieren.

Lösungshinweise zu den Aufgaben im Schülerband

Seite 169, Aufgabe 1: Individuelle Schülerlösungen

Seite 169, Aufgabe 2: M 2: Die Erwerbstätigenquoten von Frauen liegen von 1960 bis 2009 immer unter denen der Männer, stiegen aber seit 1970 stetig an.
M 3: vollzeitbeschäftigte Frauen verdienen deutlich weniger als Männer (Z. 1–4), die Unterschiede sind stärker als in vielen anderen europäischen Staaten (Z. 4–11), Frauen kommen seltener in Führungspositionen (Z. 19–20), viele Frauen arbeiten Teilzeit (Z. 21–22). Frauen würden in Tarifverträgen und Bewerbungsgesprächen benachteiligt (Z. 27–32) und lediglich als „Hinzuverdienerin" (Z. 39) gesehen (Simone Denzler).

Seite 169, Aufgabe 3: Auf jeden Fall genannt werden sollte das Bundesgleichstellungsgesetz:
www.gesetze-im-internet.de/bgleig/.

Seite 169, Aufgabe 4: Die Diskussion wird sich auf die Frage zuspitzen, ob und wo Frauen ohne staatlichen Eingriff Benachteiligung erfahren und ob diese durch staatliche Eingriffe überwindbar ist.

5. Jobs ohne Grenzen? (S. 170–171)

Mögliche Stundenstruktur

Phase	Material Schülerband	Methode/Sozialform
Einstieg	Einpunktabfrage, Aufgabe 1	Einzelarbeit
Erarbeitung	M 1, S. 170, Aufgabe 2	
Problematisierung	S. 171, Aufgabe 3	Einzelarbeit (Recherche), Unterrichtsgespräch

Um neue Anforderungen und neue Chancen in der Ausbildung und Arbeitswelt geht es auf dieser Doppelseite. Dabei wird der Fokus auf die Bedeutung von Auslandsaufenthalten gelegt. Die Einpunktabfrage (Aufgabe 1) bietet die Möglichkeit die Vorstellungen der Schüler abzufragen und kann als Einstieg für die Beschäftigung mit den unterschiedlichen Programmen (M 2) genutzt werden. Immer mehr Schülerinnen und Schüler entscheiden sich zu einem Auslandsaufenthalt, meist in Klasse 10. Sollten auch Schüler aus der zu unterrichtenden Klasse davon betroffen sein, könnten sie über ihre Motive und Erwartungen berichten.

Lösungshinweise zu den Aufgaben im Schülerband

Seite 170, Aufgabe 1: Individuelle Schülerlösungen

Seite 170, Aufgabe 2: Gründe für einen Auslandsaufenthalt:
M 1: Eigenständigkeit wird gefördert, interessante Erfahrungen
Sonstige: sieht gut im Lebenslauf aus, ...
Gründe gegen einen Auslandsaufenthalt:
M 1: Ungewissheit über Verhältnisse/Leben im Ausland, Unsicherheit ob die Sprachkenntnisse ausreichen, bei Studium im Ausland Sprache als Barriere
Sonstige: Kosten, ...

Seite 171, Aufgabe 3: Leonardo da Vinci Programm:
http://ec.europa.eu/education/leonardo-da-vinci/participate_de.htm
Baden-Württemberg-Stipendium:
http://www.bw-stipendium.de/das-programm/das-baden-wuerttemberg-stipendium-im-ueberblick/programmlinie-fuer-schuelerinnen-und-schueler/bewerbung.html
FSJ:
http://www.fsj-baden-wuerttemberg.de/index.php?id=41
Europäischer Freiwilligendienst:
https://www.go4europe.de

6. Die Berufsorientierung am Gymnasium – von der Bewerbung bis zur Auswertung (S. 172–173)

Mögliche Stundenstruktur

Phase	Material Schülerband	Methode/Sozialform
Einstieg	S. 172, M 1, Aufgabe 1	Partnerarbeit, Unterrichtsgespräch
Erarbeitung	S. 172, M 2, Aufgabe 2+3, S. 173	Gruppenarbeit
Problematisierung	S. 173, Aufgabe 4+5	Gruppenarbeit

Wie mit der Doppelseite „Die Berufsorientierung am Gymnasium – von der Bewerbung bis zur Auswertung“ umzugehen ist, hängt vor allem davon ab, in welchem Rahmen sie an ihrer Schule vorgesehen ist. Sollten Sie als Gemeinschaftskundelehrer auch mit der Einführung von Anschreiben und Lebenslauf betraut sein, bietet das Material 1 mit Bearbeitung der Aufgabe 1 die notwendigen Basisinformationen. Das Verfassen einer Bewerbung und die Vorbereitung eines Bewerbungsgesprächs können arbeitsteilig in Gruppen ausgeführt und anschließend vorgestellt werden.
Für viele Schülerinnen und Schüler ist das Praktikum in Klasse 9 oder 10 wahrscheinlich das erste Praktikum ihres Orientierungsprozesses. Bei manchen ist es sicherlich notwendig, den Sinn des Praktikums zu verdeutlichen.

Lösungshinweise zu den Aufgaben im Schülerband

Seite 173, Aufgabe 1:

Das Anschreiben:
Absender – Datum – Anschrift – Betreff – Anrede – Anlass der Bewerbung – Begründung der Unternehmensauswahl – Neigungen – Schlussformel – Gruß – Unterschrift – Vermerk zu Anlagen
Der Lebenslauf:
Überschrift – Name – Anschrift – Geburtsdatum und -ort, Eltern und Geschwister – Schulbildung, voraussichtlicher Schulabschluss – Lieblingsfächer – besondere Kenntnisse – bereits absolvierte Praktika – Hobbys – Ort, Datum und Unterschrift

Seite 173, Aufgabe 2:

Mögliche Kriterien: äußere Erscheinung (Mappe, Papier), formale Vorgaben (Ansprechpartner), Aussagekraft (keine Standardformulierungen), Vollständigkeit (Angaben im Lebenslauf), Qualität des Fotos

Seite 173, Aufgabe 3:

Die Bewerbung sollte die in Aufgabe 2 erarbeiteten Kriterien enthalten und Bezug nehmen auf die geforderten Kompetenzen (Seite 167, Aufgabe 5). Die Schüler sollten sich mögliche Motive überlegen, warum sich jemand auf diese Anzeige bewirbt.

Seite 173, Aufgabe 4:

Mögliche Fragen: Welche Schwächen sehen Sie bei sich selbst? Welche Ideen können Sie in die Firma einbringen? Wie nehmen Sie die Firma bislang wahr? Fragen mit Bezug zum Anschreiben und Lebenslauf, ...

Seite 173, Aufgabe 5:

Individuelle Schülerlösungen

7. Sind Sie die bzw. der Richtige? (S. 174–175)

Mögliche Stundenstruktur

Phase	Material Schülerband	Methode/Sozialform
Einstieg	S. 174, Foto, Aufgabe 1	Unterrichtsgespräch
Erarbeitung 1	S. 174, M 1, Aufgabe 2	Einzelarbeit, Unterrichtsgespräch
Erarbeitung 2	S. 175, M 2, Aufgabe 3	Einzelarbeit, Unterrichtsgespräch
Problematisierung	S. 175, M 2, Aufgabe 4+5	Unterrichtsgespräch

Bewerbungsverfahren haben sich in den letzten Jahren grundlegend geändert. Immer mehr Unternehmen reichen gute Noten im Abschlusszeugnis und eine ansprechende Bewerbungsmappe nicht mehr. Sie wollen sich umfassender informieren und überprüfen, inwiefern der Bewerber oder die Bewerberin speziell für ihr Unternehmen geeignet ist.
Das Eingangsfoto sowie Material 1 befassen sich mit sozialen Netzwerken als zusätzliche Informationsquelle für Unternehmen. Die Schülerinnen und Schüler werden so auf die Tragweite hingewiesen, die Veröffentlichungen über die eigene Person im Internet haben können, im positiven wie im negativen Sinne. Material 2 mit dem abschließenden Comic thematisiert die zunehmende Praxis vieler Unternehmen, eigene Assessment Center mit Bewerberinnen und Bewerbern durchzuführen.
Die Doppelseite klärt einerseits die Schülerinnen und Schüler darüber auf, was sie erwartet, wenn sie sich selbst in der Bewerbersituation wiederfinden. Andererseits soll anhand der Außenperspektive überprüft werden, wie die vorgestellten Vorgehensweisen der Unternehmen zu bewerten sind.

Lösungshinweise zu den Aufgaben im Schülerband

Seite 175, Aufgabe 1:
Kleinman nutzt sein Fachbook-Profil, um sich Firmen vorzustellen. Er vereinfacht es den Unternehmen, sich über ihn Informationen zu beschaffen. Auf diese Weise kann er viel mehr potenzielle Arbeitgeber ansprechen als es ihm mit einer Bewerbung gelänge.

Seite 175, Aufgabe 2:
Mögliche Vorteile: Möglichkeit der umfassenden Information und Präsentation, Vernetzung
Mögliche Nachteile: Trennung von privaten und berufsbezogenen Informationen, unerwünschte fremde Einträge, betreffendes Know-how notwendig.

Seite 175, Aufgabe 3:
Argumente für die Bedeutung von Zeugnissen: langfristige Kompetenzerhebung (normalerweise ein Jahr) in vielen unterschiedlichen Fachgebieten, Kosten von Assessment Centern
Argumente für die Notwendigkeit von Assessment Centern: mangelnde Vergleichbarkeit von Zeugnissen, unternehmensbezogene Qualifikationen können getestet werden

Seite 175, Aufgabe 4:
Der Comic karikiert einerseits die Arbeitseinstellung der Bewerber als auch den Bewerbungsvorgang selbst. So ist die geheime Beobachtung der Bewerber sicher ebenso fragwürdig wie das Verhalten der Bewerber, die nur wenn sie sich beobachtet glauben „aktiv“ werden.

Seite 175, Aufgabe 5:
Vorbereitungen: hier kann auch Bezug auf M 2 genommen werden. Es geht darum mögliche Fragen oder Situationen zu antizipieren ohne dabei unnatürlich zu wirken.
Auswirkungen: Wie auch im Comic thematisiert, besteht die Gefahr, dass die Bewerber ihre Assessment-Center-Kompetenz optimieren und die Aussagekraft für die spätere Beschäftigung damit an Wert verliert.

Kompetent? (S. 176–177)

Phase	Material Schülerband	Methode/Sozialform
Einstieg	Stellenangebote S. 176/177	Unterrichtsgespräch
Erarbeitung	S. 177, Aufgabe 1+2	Gruppenarbeit
Problematisierung	S. 177, Aufgabe 3+4	Gruppenarbeit
Weiterführung	S. 177, Aufgabe 5	Präsentation, Unterrichtsgespräch

Die KOMPETENT?-Aufgaben nehmen Aspekte nahezu aller Doppelseiten des Kapitels wieder auf. Bei der Bearbeitung können je nach Notwendigkeit oder Interesse einzelne Aufgaben ausgewählt, oder es kann arbeitsteilig gearbeitet werden. Eine mögliche Variante wäre, die Klasse in Gruppen einzuteilen, die sich dann jeweils mit einer Stellenanzeige beschäftigen und die Aufgaben 1 bis 4 vorbereiten und anschließend präsentieren. Aufgabe 5 ermöglicht noch einmal die Reflexion der eigenen Berufswünsche und die Bedeutung des Geschlechts bei der Berufswahl.

Lösungshinweise zu den Aufgaben im Schülerband

Seite 177, Aufgabe 1:

	BVZ	Stadtwerke Neustadt	Grosch Engineering
Bildungsabschlüsse und Qualifikationen	▪ Pädagogische Hochschulausbildung ▪ Zusatzqualifikationen ▪ Office-Kenntnisse ▪ Führerschein	▪ Jurastudium mit Berufserfahrung ▪ Rechtliche Fachkenntnisse	▪ Studium mit passendem Fachgebiet ▪ Berufserfahrung
Schlüsselqualifikationen	▪ Kommunikationsfähigkeit ▪ Teamfähigkeit ▪ Belastbarkeit ▪ Flexibilität	▪ Leistungsbereitschaft ▪ Teamfähigkeit ▪ Kommunikationsfähigkeit	▪ Teamfähigkeit ▪ Leistungsbereitschaft ▪ Englischkenntnisse

Seite 177, Aufgabe 2: Hier können die auf S. 162 vorgestellten Internetseiten verwendet werden.

Seite 177, Aufgabe 3: Individuelle Schülerlösungen (siehe Schülerband S. 172–175)

Seite 177, Aufgabe 4: Individuelle Schülerlösungen (siehe Schülerband S. 174–175)

Seite 177, Aufgabe 5: Individuelle Schülerlösungen (siehe Schülerband S. 168–169)